스페인어 무조건 말하기

Hablar con Silvia

스페인어
말문트기에서
DELE, OPI까지
한번에!

Silvia Chun 실비아 전

스페인어 무조건 말하기

Hablar con Silvia

SILVIASPANISH

소중한 책이 나올 수 있도록 27년동안 실비아와 함께 해 주신 학습자 여러분,
그리고 앞으로를 함께 채워갈 학습자 분들께 감사드립니다.

Silvia 드림

새 교재 『실비아의 스페인어 무조건 말하기』의 출간을 환영하고 축하합니다. 제가 실비아 선생님을 만난 것은 2020년 국립외교원 고위정책과정에서였습니다. "실비아의 스페인어 멘토링" 교재로 10개월 가량 스페인어를 배웠습니다. 단순 호기심에서 선택했는데 뜻밖의 행복한 시간이었습니다.

제가 아는 실비아 선생님은 탁월한 예술가입니다. 피는 못 속이는 것이 맞는지 교재에서도, 수업방식에서도 그리고 온라인미디어에서도 무엇을 하건 아이디어도 많고 독창성과 상상력이 넘쳐납니다. 안주하지 않고 도전을 계속합니다. 이번 스피킹 교재 내용에 독도에 관한 내용이 들어간 것은 감동입니다. 디자인도 더 진일보한 것을 확인합니다. 공부하고 싶게 만들고 폼나게 들고 다니게 만드는 책입니다.

실비아 선생님은 마법사입니다. 짧은 기간에 스페인어의 매력에 흠뻑 빠질 수 있게 된 것은 실비아만의 효과적이고 차별화된 교습 때문일 것입니다. 입부터 열게 만든다, 문법은 다음에 천천히. 사실 이미 나이를 꽤 먹은 상태에서 그게 될지 궁금했습니다. 이제는 그게 정답이라는 확신을 갖습니다. 코로나로 인해 해외에 나가서 배운 것을 써먹질 못했고 스페인어 공부를 계속 하진 못했지만 지금도 그때 외웠던 것들이 입에 붙어 있습니다. "꼬레아 띠에네 꾸아뜨로 에스따시오네스", "헤네랄멘떼 메 레반또 무이 뗌쁘라노" 등. 아, 이것도 빼먹으면 안되죠. "미 아미가 실비아 에스 심빠띠까 이 무이 린다".

실비아 선생님은 진정한 프로입니다. 어디서 그런 열정이 나오는지 능력이 있으면서 정성과 노력 또한 대단합니다. 교재나 강의에 군더더기가 없습니다. 적당히는 없습니다. 완벽을 추구하는 투혼과 집념이 느껴집니다. 무엇보다 스페인어를 공부하는 사람들을 정말로 사랑한다는 것을 느낄 수 있습니다. 이런 투혼과 집념이 학습자에게도 고스란히 전달되면 학습효과가 없을 수 없습니다.

『실비아의 스페인어 무조건 말하기』가 스페인어 학습자들에게 큰 도움이 될 것으로 확신하며, 저도 그 매력의 세계로 다시 들어갑니다.

2020년 국립외교원 고위정책과정
스페인어 수강생을 대표하여

문화체육관광부 문화예술정책실장
윤 성 천

스페인어를 어떻게 하면 말할 수 있을까? 고민하다 실비아 스페인어를 만났다. 이 책은 스페인어 말하기를 가르쳐 주는 책이다. 원어 본문 듣기를 통해 정확한 발음과 악센트를 짚어줘 그저 잘 읽는 것이 아닌 잘 말할 수 있는 방법을 가르쳐 준다.

스페인어 강사이자 『실비아의 스페인어 무조건 말하기』의 작가인 저자는 일상생활에 밀접한 주제를 주로 다룬다. 그래서 책에는 기분, 가족, 국가 등 나에 대해 다른 사람들과 얘기를 나눌 수 있는 소재들로 가득하다.

언어의 가치는 말할 때 빛을 발한다. 책의 내용을 소리 내어 반복하는 연습은 스페인어권 국가들을 여행하며 현지인과 말할 때 자신감을 갖게 해주었다. 영어 토익은 만점을 받으면서도, 영어 말하기에는 항상 자신감이 없었던 나였기에 현지인과 스페인어로 의사소통이 가능할 거라는 생각은 상상조차 하지 못했다.

하지만 책 내용을 듣고, 따라 읽고, 필사하고 반복의 반복을 거듭하자 머릿속에 스페인어 문장들이 외워졌고, 많은 문장들이 머릿속에 저장되자 말이 저절로 튀어나왔다. 그때 '아~ 언어는 이렇게 배우는 것이구나!'라는 생각이 들었다. 스페인어 말하기를 하고 싶은 사람들에게 강력히 추천하는 책이다.

목포MBC 아나운서
수강생 김은재 Raquel

스페인어 전공자이기도 하고, 스페인어가 좋아서 30년 동안 가늘고 길게 스페인어에 대한 끈을 놓지 못하고 있는 한 사람입니다. 팟캐스트에서 실비아 선생님을 알고 있던 중에, 좋은 기회에 특강에 참석하게 되었습니다. 특강 내용 중 한 부분에서 실비아 선생님이 설명하시는 것을 듣고, 깜짝 놀랐습니다. 어느 수업에서도 풀어내지 못한 방법으로 설명하셔서 너무 신선한 충격을 받았습니다.

여러가지 사정상 수업을 듣지는 못했지만, 그때부터 머릿속에는 실비아 선생님이 늘 자리잡고 있었습니다. 그리고 시간이 흘러 더이상 늘지 않는 스페인어는 그만하고, 이제는 실력을 좀 향상시키고 싶어서, 실비아 스페인어 스무말 온라인 강의를 듣게 되었습니다. 저는 실비아 선생님 수업을 "실비아 매직"이라고 표현하고 싶습니다. 안 되는 것도 되게 하는, 선생님만의 마법 같은 무언가 가 있는 수업! 선생님만 잘 따라가면 실력이 쌓이고 늘게 되니까요. 외국인 친구들을 만나서 인사말을 하고 나면 할 말이 없었던 제가 이제는 수업에서 배웠던 문장들로 대화를 채워 나갈 수 있게 되었습니다.

선생님의 말씀 중 가슴깊이 새기고 있는 말은 "안 해서 안되는 것". 저도 그랬듯이, 누구나 자기가 안되는 것들에 대한 변명을 하지만, 냉정하게 바라보면 안 해서 안되는 것입니다. '나는 왜 안되지?' 라는 생각을 버리고 수업을 잘 따라가시면 잘 하게 되는 날이 올 것입니다.

20년 넘게 썼던 스페인어 이름 대신 실비아 선생님의 특강에서 받은 Brenda라는 이름으로 바꾸고 난 후 10년정도를 써왔는데, 실비아 선생님이 주신 이름으로 지금 다시 선생님 수업을 듣고 있는 것을 보니 인연이라는 게 있나 봅니다. 이 책을 보시는 분들은 실비아 선생님의 인연속에 계신 겁니다.

실비아 매직과 함께, 모든 학습자분들 ¡Ánimo!

피클피클(Fickle Pickle) 대표
수강생 **양희정 Brenda**

안녕하세요, '실비아스페인어'에서 스페인어 무조건 말하기(이하, 스무말) 수업을 수강하는 Lucas입니다. 실비아 선생님께서 이번에 '스무말' 교재를 출간한다는 소식을 듣고 수강자로서 느낀 점 몇 가지, 새 교재를 구입하시는 분들에게 도움이 될까 해서 적어봅니다.

먼저, 온오프라인으로 수많은 스페인어 강좌와 교재가 있고 다양한 회화 수업이 있겠지만, 이 강좌에서는 따로 회화수업을 진행하지 않습니다. 다만 주어진 테마에 관한 일정 분량의 텍스트가 제공되고, 텍스트의 음성 파일이 추가로 제공됩니다. 처음에는 좀 의아했지만, 알고 보니 이 점이 '스무말'의 가장 큰 특징이더군요. 수강자는 텍스트를 통해 상황을 이해하고, 음성 파일을 참고하여 문장을 소리 내어 말하기를 반복하는 동안 자연스럽게 문자를 소리로 익히게 됩니다. 이렇게 익힌 내용은 선생님과 질문, 대답을 진행하면서 자연스럽게 스페인어 대화로 변화되고, 대화를 이어가는 동안 자연스럽게 스페인어로 생각하기가 유도되면서 생각을 소리로 말하게 됩니다.

회화수업 없이 외국어를 학습한다는 것, 저에게는 참 즐겁고 신선한 경험이었고, 새로운 교재의 출간이 더 기대되는 이유입니다. 기본적인 스페인어 문법 지식이 있는 학습자에게라면, '스무말'은 틀림없이 지금까지 경험해보지 못한 매력적인 듣기, 말하기 학습 방법이 될 거라고 감히 추천드립니다.

수강생 고지철 Lucas

안녕하세요. 실비아스페인어에서 꽤 오랫동안 스페인어를 공부해오고 있는 수강생입니다. 이렇게 새 교재에 추천서를 쓸 수 있게 되어 기쁜 마음으로 몇 자 적어봅니다.
이 책은 수많은 학생에게 스페인어를 지도해 주신 실비아 선생님의 다년간의 교육 경험과 열정으로 만들어진 산물입니다. 교재에는 어떻게 해야 스페인어로 자연스러운 말하기를 할 수 있을지에 대한 말하기 입문 접근 방식과 직접 음성을 확인할 수 있도록 청취 파일이 제공되어 있고, 최대한 다양하게 표현하고 응용할 수 있도록 다양한 예문들과 상황 별 질문이 포함되어 있습니다. 스무말 수업을 3년 가까이 참여한 수강생으로서 우선 많이 읽고 말해보는 것이 제일 중요하다고 강조하시던 선생님의 교육 철학과 노하우가 책에도 고스란히 담겨 있다는 것을 확인할 수 있었습니다.
스페인어를 어렵지 않고 재밌게 공부할 수 있도록 구성하신 선생님의 고민과 노력이 엿보이는 이 교재를 스페인어를 공부하는 분들께 적극 추천해 드리고 싶습니다!

수강생 윤여진 Linda

¿Cómo se usa este libro? 스페인어 무조건 말하기 사용법

추천 학습 레벨 스페인어에 대한 기본적인 이해를 하고 있으며 직설법 현재, 단순과거 활용이 가능한 레벨부터 『스페인어 무조건 말하기』를 함께 병행하여 학습하시는 것을 추천드립니다.

스무말 사용법 『스페인어 무조건 말하기』는 기존 ABAB의 짧은 회화 학습이 아닌 긴 원고를 통해 문장으로 스페인어를 말하는 것을 돕기 위한 교재입니다. 그동안 스페인어를 공부했으나 입을 떼기 힘들었거나 동사활용, 문법이 어려웠던 학습자 또는 회화가 직접적으로 필요한 스페인어 전공생, 교환학생 준비자 그리고 워킹 홀리데이나 주재원을 준비중이신 분들께서는 아래의 학습 순서에 따라 말하기 연습을 해주세요.

1단계

Antes de empezar 준비

ⓐ 테마를 학습하기 전, QR코드를 이용하여 실비아 선생님의 음성을 반복하여 청취합니다.
  * 음성파일은 실비아스페인어 블로그에서 다운로드 받으실 수 있으며 유튜브 공식채널에서도 스트리밍 가능합니다.

ⓑ 스페인어를 자연스럽게 말하기 위해서는 먼저 말하고자 하는 주제를 모국어로 이해하고 있어야 합니다. 준비학습 페이지에서 한국어 해석을 보면서 반복 청취를 해보세요. 한국어로 테마의 흐름이 파악되면 스페인어로 학습을 할 때 내용에 대한 이해력이 높아집니다.

2단계

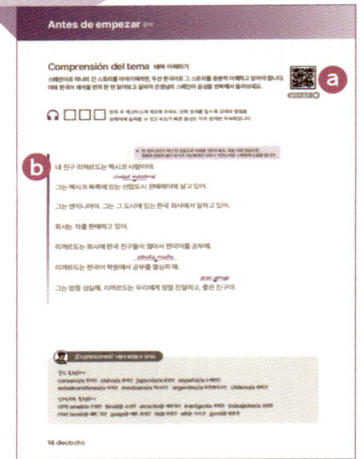

Texto 본문 학습

ⓒ 끊어 읽기는 자연스러운 스페인어 말하기에 도움이 됩니다. 반복적으로 여러 번 음성을 청취하며 끊어지는 부분을 확인해본 후 표시하여 말하기 연습을 해보세요.

ⓓ 단답형 대답은 이제 그만! 어떠한 질문에도 주어와 동사가 포함된 완전한 문장으로 대답하는 것이 가장 중요합니다. 원고의 문장들을 답변으로 풀어낼 수 있도록 문장에 어울리는 질문을 함께 수록하였습니다.

ⓔ 스페인어 능력시험을 준비하는 학습자들은 성취하고자 하는 레벨에 따라 요구되는 일정 수준의 어휘 수가 있습니다. 각 원고 아래에 있는 어휘 수를 확인하여 자신의 수준을 대략적으로 짚고 넘어갑니다.

3단계

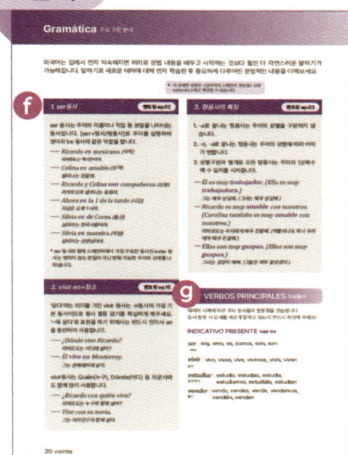

Gramática 주요문법 학습

f 테마 원고에서 다루어진 중요한 문법 요소들을 확인합니다. 말하기를 먼저 연습한 후 이론적인 부분을 학습하면 글로 배우는 문법보다 훨씬 더 쉽게 이해할 수 있습니다.

* 스피킹 책에서 모두 담지 못한 문법 내용은 『실비아의 스페인어 멘토링』 교재에서 더 자세하게 학습할 수 있습니다.

g 테마에서 다루어진 주요 동사들의 활용형을 학습합니다. 동사 활용은 스페인어 말하기에서 가장 중요한 부분을 차지하고 있습니다. 자연스러운 말하기를 위해 각 테마에서 사용(활용)된 동사와 같은 시제로 활용형을 학습하고 갑니다. 어떤 동사가 어떤 시제로 쓰였는지 확인해보세요.

4단계

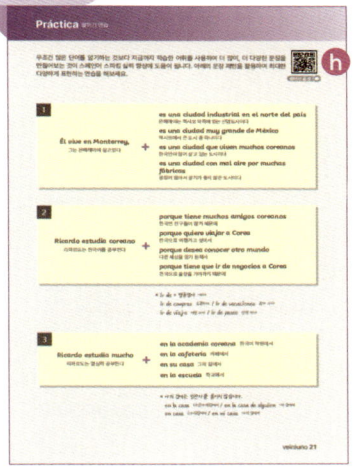

Práctica 다양한 말하기 연습

h 본문에서 학습한 내용을 활용하여 말해보는 심화학습 페이지입니다. 원고에서 사용되지 않은 다른 표현을 추가적으로 학습할 수 있습니다. 원어민의 목소리로 말하는 음성을 청취하면서 다양한 스페인어 목소리를 접해보세요.

* 음성파일은 실비아 스페인어 블로그에서 다운로드 받으실 수 있으며 유튜브 공식채널에서도 스트리밍 가능합니다.

5단계

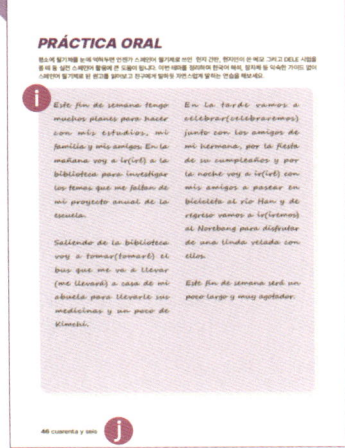

Práctica oral 보너스 읽기 학습

i 5개의 테마마다 읽기 학습을 할 수 있는 페이지입니다. 현지에서는 컴퓨터 정자체보다 필기체를 훨씬 많이 접하게 됩니다. 필기체로 써진 원고를 보면서 눈에 익숙해지도록 하기위해 추가 페이지를 구성하였습니다. 현지에서 글을 읽고 있다고 생각하면서 원고를 자신 있게 소리 내어 읽어보세요.

j 각 페이지의 숫자를 스페인어로 함께 표기하였습니다. 어렵게 느껴지는 숫자학습도 자연스럽게 익혀보세요.

UNIDAD 1

친구 el amigo, la amiga

Tema	Gramática	Verbos principales
Mi amigo Ricardo	▶ ser 동사 ▶ vivir en+장소 ▶ 형용사의 특징	ser, vivir, estudiar, vender

UNIDAD 2

계절 las estaciones

Tema	Gramática	Verbos principales
El clima de Corea del Sur	▶ muy와 mucho ▶ 날씨를 나타내는 hacer 동사 ▶ 여러가지 부사	hacer, comenzar, terminar, soler

UNIDAD 3

가족 la familia

Tema	Gramática	Verbos principales
Somos una familia muy feliz	▶ 신체 명사 ▶ 신체 색상 ▶ hacer 동사의 관용어구 ▶ 역구조동사 gustar	llamarse, gustar, salir, esforzarse, dedicar

UNIDAD 4

하루일과 el diario

Tema	Gramática	Verbos principales
Mi rutina diaria	▶ 재귀동사 ▶ vestirse vs. ponerse ▶ 시간 표현 ▶ 형용사를 부사로 만들기	levantarse, cepillarse, tomar, vestirse, preparar, comer, ir, regresar, cenar, leer

주말일과 el fin de semana

UNIDAD 5

Tema	Gramática	Verbos principales
Mis planes para este fin de semana	▶ ir 동사로 미래표현 vs. 미래 동사 ▶ 여러가지 전치사	faltar, llevar, celebrar, pasear, disfrutar, ir, tomar, llevar, ser

건강(달리기) la salud(trotar)

UNIDAD 6

Tema	Gramática	Verbos principales
¿Por qué trotas todos los días?	▶ 역구조동사 encantar ▶ 관계대명사 que ▶ 관계부사 donde ▶ 무인칭 se	trotar, perder, revisar, alcanzarse, ponerse, proteger, necesitar, costar, limpiarse

운동, 스포츠 el deporte

UNIDAD 7

Tema	Gramática	Verbos principales
Los deportes que me gustan	▶ 직설법 단순과거 불규칙 동사 ▶ 시간경과 표현	encantar, hacer, practicar, jugar, perder, invitar, mantenerse, desestresarse, relajarse, dar, empezar

질병 la enfermedad

UNIDAD 8

Tema	Gramática	Verbos principales
Estoy muy estresada	▶ 직설법 단순과거 ▶ 간접목적대명사+ 직접목적대명사 ▶ 비교구문 I	estresarse, doler, pensar, poner, decir, dar, llegar, tener que, salir

UNIDAD 9

취미 el pasatiempo A2

Tema	Gramática	Verbos principales
¿Cuál es tu pasatiempo?	▸ ir 동사의 관용어구 ▸ 현재진행형	pasear, quedar, llamar, planear, escuchar, escuchar, desaparecer, dedicar

UNIDAD 10

직장, 업무 el trabajo A2

Tema	Gramática	Verbos principales
Yo trabajo en Seúl	▸ 무인칭 hay ▸ 위치 표현 I	tomar, tener, escuchar, estar, trabajar

UNIDAD 11

과거회상 la recordación A2

Tema	Gramática	Verbos principales
Ayer fue mi cumpleaños	▸ 불완료과거 ▸ 현재완료 사용법 ▸ 간접목적대명사	estar, olvidarse, poder, volver, entrar, encender, regalar, felicitar, ser, parecer, saber

UNIDAD 12

역사 la historia B1

Tema	Gramática	Verbos principales
Las islas Dokdo	▸ 관계대명사 el que(el cual) ▸ 현재완료 vs. 단순과거 ▸ 수동태 ▸ 로마숫자 읽기	invadir, terminar, ordenar, descubrir, ser

UNIDAD 13

애완동물 la mascota

Tema	Gramática	Verbos principales
Mi mascota YEPEE	▶ 불완료과거 사용법 ▶ lo que ▶ 조건(가능)법 ▶ 현재완료	llamarse, recordar, recibir, volver, demostrar, salir, recostarse, intuir, suceder, haber, poder

UNIDAD 14

위치와 방향 el lugar y la dirección

Tema	Gramática	Verbos principales
¡Bienvenidos a mi casa!	▶ hay와 estar ▶ 위치 표현 II	haber, dar, subir, dejar, seguir, usar(se), permitir

UNIDAD 15

휴가 las vacaciones

Tema	Gramática	Verbos principales
¿Qué hago durante vacaciones?	▶ 접속법 과거 ▶ 조건(가능)법 불규칙 동사 ▶ 접속법 포인트 I ▶ 현재완료+시간부사	pasar, dar(ganas de), preferir, desconectarse, aprovechar, encontrarse, postergar, deber, anotar, tener, sentirse, olvidarse

UNIDAD 16

전통 음식 comida tradicional

Tema	Gramática	Verbos principales
Mi comida coreana favorita	▶ Si+동사활용 ▶ 직설법 미래 ▶ soler 동사 ▶ 접속법 포인트 II	recomendar, servir, remover, cocinar, cortar, gustar, probar, echar

UNIDAD 17

콤플렉스 el complejo

Tema	Gramática	Verbos principales
Tengo complejo	▶ 여러가지 대명사+긍정명령법 ▶ 명령법 ▶ 부정명령법 ▶ 관계대명사 la que	ocurrir, afearse, ponerse, decir, pasar, venir, decidir, preparar, quedar, ver, poder, apoyar, respetar, decir, asustar

UNIDAD 18

건강(불면증) la salud(el insomnio)

Tema	Gramática	Verbos principales
Quiero dormir como un bebé	▶ 여러가지 관용어구 ▶ 역구조동사 ser ▶ 접속법 포인트 III ▶ 과거분사 불규칙	haber, intentar, conocer, entender, significar, conseguir, acabar, nacer, consultar, evitar, leer, investigar, dificultar, ser, mostrar

UNIDAD 19

교통수단 los medios de transporte

Tema	Gramática	Verbos principales
Transporte público	▶ 비교구문 II ▶ 여러가지 대명사+현재완료 ▶ 여러가지 접속사	utilizar, usar, comprar, evitar, tardar, sentarse, recibir, haber, tomar, coger, usar

UNIDAD 20

환경 el medioambiente

Tema	Gramática	Verbos principales
¿Vale la pena reciclar?	▶ 무인칭 구문 ▶ 긴 숫자 읽기 ▶ 무인칭의 의무 hay que	reciclar, transformar, volver, reducir, reutilizar, recuperar, almacenar, generar, combatir, destruir, morir, crear, contribuir, ayudar, tratar, duplicarse, comenzar, sufrir, destruirse

UNIDAD. 1

 Mi amigo Ricardo
내 친구 리까르도

Antes de empezar 준비

Comprensión del tema 테마 이해하기

스페인어로 하나의 긴 스토리를 이야기하려면, 우선 한국어로 그 스토리를 충분히 이해하고 있어야 합니다. 아래 한국어 해석을 먼저 한 번 읽어보고 실비아 선생님의 스페인어 음성을 반복해서 들어보세요.

실비아 음성

🎧 ☐ ☐ ☐ 청취 후 체크박스에 체크해 주세요. 반복 청취를 할수록 강세와 발음을 정확하게 습득할 수 있고 속도가 빠른 음성도 자주 접하면 익숙해집니다.

> 한 개의 단어가 아닌 한 묶음으로 어휘를 익혀주세요. 묶음 어휘 학습으로 정확한 문법과 끊어 읽기가 가능해지며 더욱더 자연스러운 스피킹에 도움을 줍니다.

내 친구 리까르도는 멕시코 사람이야.
　　　　　　　　　　　ciudad industrial
그는 멕시코 북쪽에 있는 산업도시 몬떼레이에 살고 있어.

그는 엔지니어야. 그는 그 도시에 있는 한국 회사에서 일하고 있어.

회사는 차를 판매하고 있어.

리까르도는 회사에 한국 친구들이 많아서 한국어를 공부해.
　　　　　　　　estudia mucho
리까르도는 한국어 학원에서 공부를 열심히 해.
　　　　　　　　　　　　　　　gran amigo
그는 엄청 성실해. 리까르도는 우리에게 정말 친절하고, 좋은 친구야.

 ¡Expresiones! 이렇게 표현할 수 있어요

국적 표현하기
coreano/a 한국인 chino/a 중국인 japonés/a 일본인 español/a 스페인인
estadounidense/a 미국인 mexicano/a 멕시코인 argentino/a 아르헨티나인 chileno/a 칠레인

성격/외모 표현하기
[성격] amable 친절한 tímid@ 소심한 atractiv@ 매력적인 inteligente 똑똑한 trabajador/a 성실한
[외모] bonit@ 예쁜, 멋진 guap@ 예쁜, 잘생긴 fe@ 못생긴 alt@ 키가 큰 gord@ 뚱뚱한

18 dieciocho

01 Mi amigo Ricardo

Escuchar y leer 원어 본문 듣고 읽기

● 아래의 질문박스에 대한 대답을 순서대로 하이라이트 표시하였습니다.
표시된 부분을 참고하여 단어가 아닌 문장으로 대답하는 연습을 해보세요.

Mi amigo Ricardo es de México.
Él vive en Monterrey, es una ciudad industrial en el norte del país.
Él es ingeniero. Él trabaja en una compañía coreana en la ciudad.
La compañía vende carros.
Ricardo estudia coreano porque en la compañía tiene muchos amigos coreanos. Ricardo estudia mucho en la academia coreana. Él es muy trabajador.
Ricardo es muy amable con nosotros, es un gran amigo.

Hasta aquí : 67 palabras

¿Preguntas? 이렇게 질문할 수 있어요

¿De dónde es Ricardo? 리까르도는 어느 나라 사람인가요?
¿En dónde vive Ricardo? 리까르도는 어디에 살고 있나요?
¿Dónde trabaja Ricardo? 리까르도는 어디에서 일하나요?
¿Tu amigo por qué estudia coreano? 리까르도는 왜 한국어를 공부하나요?
¿Ricardo en dónde estudia coreano? 리까르도는 어디에서 한국어를 공부하나요?
¿Cómo es Ricardo? 리까르도는 어떤 사람인가요?

Gramática 주요 구문 분석

외국어는 입에서 먼저 익숙해지면 머리로 문법 내용을 배우고 시작하는 것보다 훨씬 더 자연스러운 말하기가 가능해집니다. 말하기로 새로운 테마에 대해 먼저 학습한 후 중요하게 다루어진 문법적인 내용을 더해보세요.

> 더 상세한 설명은 <실비아의 스페인어 멘토링> 교재 episodio.2에서 확인할 수 있습니다.

1. ser동사 〔멘토링 ep.02〕

ser 동사는 주어의 이름이나 직업 등 본질을 나타내는 동사입니다. [ser+명사/형용사]로 주어를 설명하며 영어의 be 동사와 같은 역할을 합니다.

— *Ricardo* **es** *mexicano.* (국적)
리까르도는 멕시칸이야.
— *Celina* **es** *amable.* (성격)
셀리나는 친절해.
— *Ricardo y Celina* **son** *compañeros.* (신분)
리까르도와 셀리나는 동료야.
— *Ahora* **es** *la 1 de la tarde.* (시간)
지금은 오후 1시야.
— *Silvia* **es** *de Corea.* (출신)
실비아는 한국사람이야.
— *Silvia* **es** *maestra.* (직업)
실비아는 선생님이야.

* ser 동사와 함께 스페인어에서 가장 주요한 동사인 estar 동사는 변하지 않는 본질이 아닌 변화 가능한 주어의 상태를 나타냅니다.

2. vivir en+장소 〔멘토링 ep.15〕

'살다'라는 의미를 가진 vivir 동사는 -ir동사의 가장 기본 동사이므로 동사 활용 암기를 확실하게 해주세요. '~에 살다'로 표현을 하기 위해서는 반드시 전치사 en 을 동반하여 사용합니다.

— *¿Dónde vive Ricardo?*
리까르도는 어디에 살아?
— *Él* **vive en** *Monterrey.*
그는 몬떼레이에 살아.

vivir동사는 Quién(누구), Dónde(어디) 등 의문사와도 함께 많이 사용합니다.

— *¿Ricardo con quién vive?*
리까르도는 누구와 함께 살아?
— *Vive con su novia.*
그는 여자친구와 함께 살아.

3. 형용사의 특징 〔멘토링 ep.03〕

1. -e로 끝나는 형용사는 주어의 성별을 구분하지 않습니다.
2. -o, -a로 끝나는 형용사는 주어의 성별에 따라 어미가 변합니다.
3. 성별구분과 별개로 모든 형용사는 주어의 단/복수에 수 일치를 시켜줍니다.

— *Él es muy* **trabajador**. (*Ella es muy* **trabajadora**.)
그는 매우 성실해. (그녀는 매우 성실해.)
— *Ricardo es muy* **amable** *con nosotros.* (*Carolina también es muy* **amable** *con nosotros.*)
리까르도는 우리에게 매우 친절해. (까롤리나 역시 우리에게 매우 친절해.)
— *Ellas son muy* **guapas**. (*Ellos son muy* **guapos**.)
그녀들은 굉장히 예뻐. (그들은 매우 잘생겼어.)

VERBOS PRINCIPALES 주요동사

테마의 시제에 따른 주요 동사들의 활용형을 연습합니다.
동사 활용 시 강세를 바르게 말하고 있는지 반드시 확인해 주세요!

INDICATIVO PRESENTE 직설법 현재

ser : soy, eres, es, somos, sois, son
~이다

vivir : vivo, vives, vive, vivimos, vivís, viven
살다

estudiar : estudio, estudias, estudia, estudiamos, estudiáis, estudian
공부하다

vender : vendo, vendes, vende, vendemos, vendéis, venden
팔다

Práctica 말하기 연습

무조건 많은 단어를 암기하는 것보다 지금까지 학습한 어휘를 사용하여 더 많이, 더 다양한 문장을 만들어보는 것이 스페인어 스피킹 실력 향상에 도움이 됩니다. 아래의 문장 패턴을 활용하여 최대한 다양하게 표현하는 연습을 해보세요.

원어민 음성

1

Él vive en Monterrey,
그는 몬떼레이에 살고있다

+

es una ciudad industrial en el norte del país
몬떼레이는 멕시코 북쪽에 있는 산업도시이다

es una ciudad muy grande de México
멕시코에서 큰 도시 중 하나이다

es una ciudad que viven muchos coreanos
한국인이 많이 살고 있는 도시이다

es una ciudad con mal aire por muchas fábricas
공장이 많아서 공기가 좋지 않은 도시이다

2

Ricardo estudia coreano
리까르도는 한국어를 공부한다

+

porque tiene muchos amigos coreanos
한국인 친구들이 많기 때문에

porque quiere viajar a Corea
한국으로 여행가고 싶어서

porque desea conocer otro mundo
다른 세상을 알기 원해서

porque tiene que ir de negocios a Corea
한국으로 출장을 가야하기 때문에

* ir de + 행동명사 ~하다
ir de compras 쇼핑하다 / ir de vacaciones 휴가 가다
ir de viaje 여행 가다 / ir de paseo 산책 하다

3

Ricardo estudia mucho
리까르도는 열심히 공부한다

+

en la academia coreana 한국어 학원에서
en la cafetería 카페에서
en su casa 그의 집에서
en la escuela 학교에서

* 나의 집에는 정관사를 붙이지 않습니다.
en la casa (누군가의 집에서) / en la casa de alguien ~의 집에서
en casa (나의 집에서) / en mi casa 나의 집에서

veintiuno 21

UNIDAD. 2

A1 El clima de Corea del Sur

한국의 날씨

Antes de empezar 준비

Comprensión del tema 테마 이해하기

스페인어로 하나의 긴 스토리를 이야기하려면, 우선 한국어로 그 스토리를 충분히 이해하고 있어야 합니다. 아래 한국어 해석을 먼저 한 번 읽어보고 실비아 선생님의 스페인어 음성을 반복해서 들어보세요.

🎧 ☐ ☐ ☐ 청취 후 체크박스에 체크해 주세요. 반복 청취를 할수록 강세와 발음을 정확하게 습득할 수 있고 속도가 빠른 음성도 자주 접하면 익숙해집니다.

● 한 개의 단어가 아닌 한 묶음으로 어휘를 익혀주세요. 묶음 어휘 학습으로 정확한 문법과 끊어 읽기가 가능해지며 더욱더 자연스러운 스피킹에 도움을 줍니다.

hace buen tiempo
한국의 계절은 다양해. 봄에는 날씨가 굉장히 좋아.

hace mucho calor　　　　　　　　　*hay mucha humedad*
보통 한국은 여름 동안 무척 더워. 여름은 짧고 뜨거워. 특히 7월과 8월에는 엄청 습해.

la temporada de lluvias
장마는 6월 말에 시작해서 9월 초에 끝이 나.

hace mucho viento
가을은 바람이 많이 불고 건조해.

한국의 겨울은 보통 길고, 춥고, 건조해. 1월은 평균 기온 영하여서 1년 중에 가장 추운 달이야.

한국을 여행하기에 가장 좋은 계절은 봄이야.

en particular　　　*es decir*
특히 4월과 5월. 가을에도, 그러니까 9월과 10월도 한국을 방문하기에 최적의 시기야.

 ¡Expresiones! 이렇게 표현할 수 있어요

[대륙 및 국명 표현하기]
[대륙] **Asia** 아시아　**América** 아메리카　**Europa** 유럽　**África** 아프리카　**Antártida** 남극　**Oceanía** 오세아니아
[국명] **Estados Unidos** 미국　**Canadá** 캐나다　**México** 멕시코　**Perú** 페루　**Argentina** 아르헨티나　**Brasil** 브라질　**Vietnam** 베트남　**España** 스페인　**Australia** 호주

[날씨 표현하기]
Hace + buen tiempo 좋은 날씨　**mal tiempo** 안 좋은 날씨　**frío** 추운　**calor** 더운　**viento** 바람이 부는

02 El clima de Corea del Sur

Escuchar y leer 원어 본문 듣고 읽기

● 아래의 질문박스에 대한 대답을 순서대로 하이라이트 표시하였습니다.
표시된 부분을 참고하여 단어가 아닌 문장으로 대답하는 연습을 해보세요.

Las estaciones de Corea son diversas.

En primavera hace buen tiempo.

En Corea del Sur, durante los meses de verano normalmente hace mucho calor. Los veranos son cortos, calurosos.

Especialmente en julio y agosto hay mucha humedad.

La temporada de lluvias comienza a finales de junio y termina a principios de septiembre.

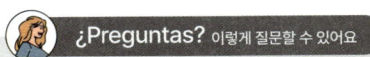

¿Preguntas? 이렇게 질문할 수 있어요

¿Cómo son las estaciones en Corea? 한국의 계절은 어떤가요?

¿Cómo está el tiempo en verano? 여름은 어떤가요?

¿Cuándo empieza la temporada de lluvias? 장마는 언제 시작하나요?

| la primavera | el verano | el otoño | el invierno |

En otoño hace mucho viento y está seco.

Los inviernos coreanos suelen ser largos, fríos y secos. **Enero es el mes más frío del año,** con temperaturas mínimas bajo cero en promedio.

Los mejores meses para un viaje a Corea del Sur son los meses de primavera. En particular, los meses de abril y mayo. Incluso los meses de otoño, es decir, septiembre y octubre, son excelentes temporadas para visitar Corea del Sur.

Hasta aquí : 125 palabras

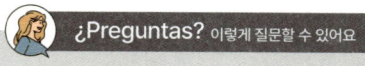

¿Cuándo es el mes más frío? 가장 추운 달은 언제 인가요?
¿Cuáles son los mejores meses para viajar a Corea? 한국을 여행하기에 가장 좋은 달은 몇 월 인가요?

Gramática 주요 구문 분석

외국어는 입에서 먼저 익숙해지면 머리로 문법 내용을 배우고 시작하는 것보다 훨씬 더 자연스러운 말하기가 가능해집니다. 말하기로 새로운 테마에 대해 먼저 학습한 후 중요하게 다루어진 문법적인 내용을 더해보세요.

● 더 상세한 설명은 <실비아의 스페인어 멘토링> 교재 episodio.27에서 확인할 수 있습니다.

1. muy와 mucho 〔멘토링 ep.27〕

muy와 mucho 모두 부사로써 '매우'라는 뜻을 가지고 있습니다. muy는 형용사를 앞에서 꾸며주며, mucho는 동사 뒤에 위치하여 동사를 꾸며줍니다.

— *En primavera hace **muy** buen tiempo.*
봄에는 날씨가 매우 좋다.

— *En verano hace **mucho** calor y a veces llueve **mucho**.*
여름에는 매우 덥고 가끔 비도 많이 온다.

— *En Canadá hace **mucho** frío en el invierno.*
캐나다는 겨울에 날씨가 굉장히 춥다.

— *Estos días hace **muy** mal tiempo casi todos los días.*
요즘에는 거의 매일 날씨가 너무 안좋다.

2. 날씨를 나타내는 hacer 동사 〔멘토링 ep.27〕

'하다, 만들다'라는 뜻을 가지고 있는 hacer 동사는 날씨를 나타낼 때도 사용합니다. 날씨를 표현할 때는 3인칭 단수 hace 만을 사용합니다.

— *Estos días **hace** mucho fresco.*
요즘 날씨가 매우 선선하다.

— *En España nunca no **hace** ni frío ni calor.*
스페인은 항상 춥지도 덥지도 않다.

— *El invierno del Norte de Europa **hace** demasiado frío.*
북유럽의 겨울은 심하게 춥다.

* hacer, estar, hay 동사로 날씨 표현하기
hace+(눈에 보이지 않는)명사: **hace calor, hace frío, hace fresco...**
está+형용사: **está fresco, está húmedo...**
hay+(눈에 보이는)명사: **hay nubes, hay niebla, hay polvo...**

3. 여러가지 부사

normalmente 보통 (=generalmente)
— *En verano **normalmente** hace mucho calor.*
여름은 보통 너무 덥다.

especialmente 특히
— ***Especialmente** en julio y agosto, hay mucha humedad.*
특히 7월과 8월은 굉장히 습하다.

en particular 특히
— ***En particular** los meses de abril y mayo.*
특히 4월과 5월

incluso 게다가
— ***Incluso** los meses de otoño son excelentes temporadas para visitar.*
게다가 가을은 방문하기에 매우 좋은 시기이다.

VERBOS PRINCIPALES 주요동사

테마의 시제에 따른 주요 동사들의 활용형을 연습합니다.
동사 활용 시 강세를 바르게 말하고 있는지 반드시 확인해 주세요!

INDICATIVO PRESENTE 직설법 현재

hacer(-go) : hago, haces, hace, hacemos,
하다, 만들다 　　hacéis, hacen

comenzar(-ie) : comienzo, comienzas,
시작하다 　　comienza, comenzamos,
　　comenzáis, comienzan

terminar : termino, terminas, termina,
끝나다 　　terminamos, termináis, terminan

soler(-ue) : suelo, sueles, suele, solemos,
자주 ~하다 　　soléis, suelen

Práctica 말하기 연습

무조건 많은 단어를 암기하는 것보다 지금까지 학습한 어휘를 사용하여 더 많이, 더 다양한 문장을 만들어보는 것이 스페인어 스피킹 실력 향상에 도움이 됩니다. 아래의 문장 패턴을 활용하여 최대한 다양하게 표현하는 연습을 해보세요.

원어민 음성

1

Las estaciones de Corea 한국의 계절은
- son diversas 다양하다
- son muy variadas 매우 다양하다
- varían mucho 매우 다양하다
- son muy diferentes 매우 다르다

2

La temporada de lluvias 장마는
Una fiesta de nuestra universidad 우리 학교의 축제는
El mercado de mi pueblo 우리 동네의 시장은
En mi país la ola de calor 우리 나라에서 폭염은

comienza a finales de junio y termina a principios de septiembre 7월 말에 시작해서 9월 초에 끝난다

* la ola de calor 폭염

3

Los mejores meses para un viaje a Corea del Sur 한국을 여행하기 위한 가장 좋은 달은
Los mejores meses para nadar en España 스페인에서 수영하기 가장 좋은 달은
Los mejores meses para ir de excursión en Los Angeles LA에서 나들이 가기 가장 좋은 달은
Las mejores temporadas para comer varias frutas en Sudamérica 남미에서 다양한 과일을 먹기 가장 좋은 시기는

son los meses de primavera 봄이다

UNIDAD. 3

A1 **Somos una familia muy feliz**

우리는 행복한 가족이야

Antes de empezar 준비

Comprensión del tema 테마 이해하기

스페인어로 하나의 긴 스토리를 이야기하려면, 우선 한국어로 그 스토리를 충분히 이해하고 있어야 합니다. 아래 한국어 해석을 먼저 한 번 읽어보고 실비아 선생님의 스페인어 음성을 반복해서 들어보세요.

실비아 음성

🎧 ☐ ☐ ☐　청취 후 체크박스에 체크해 주세요. 반복 청취를 할수록 강세와 발음을 정확하게 습득할 수 있고 속도가 빠른 음성도 자주 접하면 익숙해집니다.

> 한 개의 단어가 아닌 한 묶음으로 어휘를 익혀주세요. 묶음 어휘 학습으로 정확한 문법과 끊어 읽기가 가능해지며 더욱더 자연스러운 스피킹에 도움을 줍니다.

　　　　　　　　　　　　　　　　　　　　　　　y yo
우리 가족 구성원은 네 명이야. 우리 엄마, 우리 아빠, 언니 그리고 나.

언니는 라우라고 25살이야. 굉장히 매력적이고 똑똑하지만 조금 보수적이야.
　　　un colegio primario　　*en su clase*
언니는 초등학교 선생님이고 반에는 25명의 학생이 있어. 언니는 학생들에게
　　　　　　　　　　　　　　　　　　　　　se esfuerza mucho
좋은 선생님이야. 왜냐면 항상 재미있는 수업을 만들기 위해 열심히 노력하거든.
　　　　　　　　　　　　　un poco gordita
우리 엄마는 엘레나야. 그녀는 키가 작고 약간 통통해.
el pelo castaño oscuro　*los ojos marrones*
어두운 밤색 머리카락과 밤색 눈을 가지고 있어. 굉장히 성실하시고 매우 좋은 분이야.
a veces　　　　　*algún día*　*como ella*
이따금 약간 욱하기도 하지만 나는 언젠가는 그녀처럼 되고 싶어.
　　　　　　　　　　　　　　hacer ejercicio
우리 아빠는 안또니오야. 아빠는 키가 작고 약간 통통하셔. 운동하기를 좋아해서
　　　　　muchas veces　*hacer senderismo*
피부가 까무잡잡하고 자주 친구분들과 하이킹을 하러 나가셔.
　　　　　　　　　　　　　　tiempo libre
매우 똑똑하시고 배우는 걸 좋아하셔. 그는 여가 시간 을 공부하는데 할애하셔.
　　　　　　　pero también
약간 욱하기도 하시고 거만하시기도 하지만 역시 좋은 분이고 매우 너그러운 분이야.

 ¡Expresiones! 이렇게 표현할 수 있어요

가족 표현하기
madre(mamá) 어머니(엄마)　**padre(papá)** 아버지(아빠)　**abuel@** 할머니, 할아버지　**herman@** 남자형제, 여자형제
tí@ 이모, 삼촌　**prim@** 사촌　**niet@** 손자, 손녀

직업 표현하기
doctor/a 의사　**cantante** 가수　**oficinista** 직장인　**abogad@** 변호사　**policía** 경찰　**bomber@** 소방관
pintor/a 화가　**cociner@** 요리사　**enfermer@** 간호사　**maestr@** 교사　**mecánic@** 엔지니어　**peluquer@** 미용사

03 Somos una familia muy feliz

Escuchar y leer 원어 본문 듣고 읽기

● 아래의 질문박스에 대한 대답을 순서대로 하이라이트 표시하였습니다.
표시된 부분을 참고하여 단어가 아닌 문장으로 대답하는 연습을 해보세요.

En mi familia hay 4 miembros.

Mi madre, mi padre, mi hermana mayor y yo.

Mi hermana se llama Laura. Tiene 25 años. Ella es muy atractiva, inteligente pero un poco conservadora. Ella es maestra de un colegio primario. En su clase tiene 25 alumnos. Ella es una buena maestra para sus alumnos, porque siempre se esfuerza mucho para hacer clases divertidas.

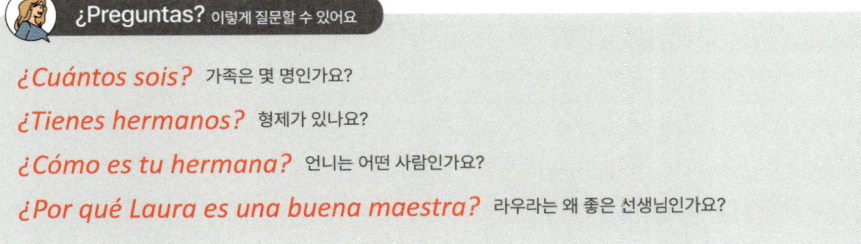

¿Preguntas? 이렇게 질문할 수 있어요

¿Cuántos sois? 가족은 몇 명인가요?
¿Tienes hermanos? 형제가 있나요?
¿Cómo es tu hermana? 언니는 어떤 사람인가요?
¿Por qué Laura es una buena maestra? 라우라는 왜 좋은 선생님인가요?

Mi madre se llama Helena. **E**lla es baja, un poco gordita. **T**iene el pelo castaño oscuro y los ojos marrones. **E**s muy trabajadora y muy buena persona. **A veces es un poco impaciente**, pero yo espero ser algún día como ella.

Mi padre se llama Antonio. **É**l es bajo, un poco gordito y tiene la piel muy morena porque le gusta hacer ejercicio. **M**uchas veces sale con sus amigos a hacer senderismo. **E**s muy inteligente y le gusta aprender. **D**edica su tiempo libre a estudiar. **E**s un poco impaciente y algo soberbio, pero también es muy buena persona y muy generoso.

Hasta aquí : 164 palabras

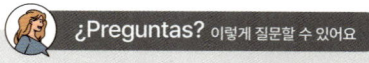

¿Preguntas? 이렇게 질문할 수 있어요

¿Cuál es un adjetivo "negativo" que usa para describir a la madre?
엄마의 부정적인 면을 묘사한 형용사는 무엇인가요?

¿Qué hace el padre en su tiempo libre? 아빠는 여가시간에 무엇을 하나요?

¿Cómo es el padre? 아버지는 어떤 분인가요?

Gramática 주요 구문 분석

외국어는 입에서 먼저 익숙해지면 머리로 문법 내용을 배우고 시작하는 것보다 훨씬 더 자연스러운 말하기가 가능해집니다. 말하기로 새로운 테마에 대해 먼저 학습한 후 중요하게 다루어진 문법적인 내용을 더해보세요.

● 더 상세한 설명은 <실비아의 스페인어 멘토링> 교재 episodio.46에서 확인할 수 있습니다.

1. 신체 명사 〔멘토링 ep.46〕

신체와 관련된 명사는 대부분 관사를 함께 써주어야 합니다. 또한 눈, 손, 귀 등과 같이 두 개가 짝으로 이루어진 신체 명사는 항상 복수로 사용합니다.

— Tiene *el pelo* castaño oscuro y *los ojos* marrones.
그(그녀)는 짙은 밤색 머리카락과 갈색 눈을 가졌다.

el pelo 머리카락 / **la piel** 피부 / **la cabeza** 머리
la espalda 어깨 **los ojos** 두 눈 / **las manos** 두 손
las orejas 두 귀 etc...

2. 신체 색상 〔멘토링 ep.46〕

신체의 색상을 나타낼 때는 신체 명사의 성/수에 일치시킵니다.

el pelo castaño oscuro 짙은 밤색 머리카락
los ojos marrones 갈색 눈
la piel morena 까무잡잡한 피부

3. hacer동사의 관용어구 〔멘토링 ep.26〕

— Él es bajo, un poco gordito y tiene la piel muy morena porque le gusta *hacer ejercicio*.
그는 키가 작고, 조금 통통해. 그리고 운동을 좋아해서 피부가 까무잡잡해.

hacer yoga 요가를 하다
hacer la maleta 짐을 싸다
hacer un viaje 여행을 하다
hacer una pregunta 질문하다
hacer la tarea 숙제하다
hacer pilates 필라테스하다
hacer puenting 번지점프를 하다
hacer senderismo 하이킹하다

4. 역구조동사 gustar 〔멘토링 ep.44〕

'(명사/동사)가 ~에게 즐거움을 주다'라는 뜻의 역구조 동사이며 [목적어+gustar+주어]의 순서로 사용됩니다. gustar 동사를 사용할 때는 반드시 인칭대명사가 아닌 간접목적대명사를 사용해야 합니다.

— Le *gusta* hacer ejercicio.
그는 운동 하는 것을 좋아한다.

— Le *gusta* aprender.
그는 배우는 것을 좋아한다.

VERBOS PRINCIPALES 주요동사

테마의 시제에 따른 주요 동사들의 활용형을 연습합니다.
동사 활용 시 강세를 바르게 말하고 있는지 반드시 확인해 주세요!

llamarse : me llamo, te llamas, se llama,
~라고 불리다   nos llamamos, os llamáis, se llaman

gustar : gusto, gustas, gusta, gustamos, gustáis
즐거움을 주다   gustan

salir(-go) : salgo, sales, sale, salimos, salís, salen
나가다

esforzarse(-ue) : me esfuerzo, te esfuerzas,
애쓰다, 노력하다   se esfuerza, nos esforzamos,
                os esforzáis, se esfuerzan

dedicar : dedico, dedicas, dedica, dedicamos,
헌신하다, 전념하다   dedicáis, dedican

Práctica 말하기 연습

무조건 많은 단어를 암기하는 것보다 지금까지 학습한 어휘를 사용하여 더 많이, 더 다양한 문장을 만들어보는 것이 스페인어 스피킹 실력 향상에 도움이 됩니다. 아래의 문장 패턴을 활용하여 최대한 다양하게 표현하는 연습을 해보세요.

원어민 음성

1

Quiero ser muy buena persona 나는 좋은 사람이 되고 싶다

+

- **como mis padres** 우리 부모님처럼
- **como la maestra Silvia** 실비아 선생님처럼
- **como mi amiga Celina** 내 친구 셀리나처럼
- **como tú** 너처럼

2

Siempre se esfuerza mucho 그녀는 항상 열심히 노력한다

+

- **para hacer divertidas clases** 재미있는 수업을 만들기 위해
- **para enseñar bien** 잘 가르치기 위해
- **para entender a sus alumnos** 그녀의 학생들을 이해하기 위해
- **para ser una maestra generosa** 친절한 선생님이 되기 위해

* entender a+alguien (사람)을 이해하다

3

Tiene el pelo castaño oscuro 어두운 밤색 머리카락을 가지고 있다

+

- **y los ojos marrones** 그리고 갈색 눈
- **y los ojos azules** 파란색 눈
- **y los ojos verdes** 초록색 눈
- **y los ojos grises** 회색 눈

* 색상을 복수로 표현
  모음으로 끝나는 명사는 -s, 자음으로 끝나는 명사는 -es를 붙여 사용합니다.
* 신체 명사는 항상 관사를 동반하여 사용합니다.
* 짝으로 이루어진 신체 부위는 항상 복수로 사용합니다.
  los ojos 눈 / las manos 손 / los pies 발 / las orejas 귀
  los dientes 치아 / los labios 입술

UNIDAD. 4

A2 Mi rutina diaria
나의 하루일과

Antes de empezar 준비

Comprensión del tema 테마 이해하기

스페인어로 하나의 긴 스토리를 이야기하려면, 우선 한국어로 그 스토리를 충분히 이해하고 있어야 합니다. 아래 한국어 해석을 먼저 한 번 읽어보고 실비아 선생님의 스페인어 음성을 반복해서 들어보세요.

실비아 음성

🎧 ☐ ☐ ☐ 청취 후 체크박스에 체크해 주세요. 반복 청취를 할수록 강세와 발음을 정확하게 습득할 수 있고 속도가 빠른 음성도 자주 접하면 익숙해집니다.

> 한 개의 단어가 아닌 한 묶음으로 어휘를 익혀주세요. 묶음 어휘 학습으로 정확한 문법과 끊어 읽기가 가능해지며 더욱더 자연스러운 스피킹에 도움을 줍니다.

tengo 30 años
안녕! 나는 알란이야. 나는 30살이고 한국에 살고 있어.

rutina diaria
오늘은 나의 하루 일과에 대해 말해볼 게.

todos los días   *me levanto*
나는 매일 아침 6시 반에 매우 일찍 일어나.

me cepillo los dientes   *durante 15 minutos*   *tomo una ducha*
일어나면 가장 먼저 이를 닦고 그다음 15분 동안 샤워를 하지.

y después   *me visto*
그런 다음 옷을 입고, 커피 한 잔을 마시고, 아침을 준비해.

es muy importante
건강한 식사를 하는 것은 굉장히 중요해.

a las 7:45   *salgo de mi casa*
나는 사무실로 가기 위해 7시 45분에 집에서 나와.

horario de trabajo
나의 업무시간은 오전 9시에서 오후 5시 30분까지야.

a eso de
교통체증 때문에 보통 7시 반 즈음에 집에 돌아와.

hacer ejercicio
부모님과 함께 저녁식사를 하고 난 다음 체육관에 가서 운동을 해.

Al regresar
집에 돌아오자마자 그날 가장 중요한 뉴스를 읽어. 이것이 나의 하루 일과야.

너는 어때? 너는 몇 시에 일어나?

04 Mi rutina diaria

Escuchar y leer 원어 본문 듣고 읽기

아래의 질문박스에 대한 대답을 순서대로 하이라이트 표시하였습니다.
표시된 부분을 참고하여 단어가 아닌 문장으로 대답하는 연습을 해보세요.

¡Hola! Me llamo Alan. Tengo 30 años y vivo en Corea. Hoy voy a hablar de mi rutina diaria.
Todos los días, me levanto muy temprano, a las 6:30 de la mañana. Cuando me levanto, primero me cepillo los dientes y luego, tomo una ducha durante 15 minutos. Y después, me visto, tomo una taza de café y preparo mi desayuno. Es muy importante comer saludable.
Salgo de mi casa a las 7:45 para ir a mi oficina. Mi horario de trabajo es de las 9:00am. a 5:30 pm. Generalmente, regreso a mi casa a eso de las 7:30 pm. Porque hay mucho tráfico.
Ceno junto con mis padres y luego voy al gimnasio a hacer ejercicio. Al regresar a casa, leo las noticias más importantes del día.
Así es mi rutina diaria.
¿Y tú? ¿A qué hora te levantas?

Hasta aquí : 146 palabras

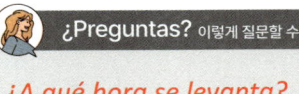 ¿Preguntas? 이렇게 질문할 수 있어요

¿A qué hora se levanta? 몇 시에 일어나나요?
¿Qué es lo primero que hace Alan después de levantarse?
알란은 일어나면 가장 먼저 무엇을 하나요?
¿Qué hace antes de desayunar? 아침식사 전에 무엇을 하나요?
¿Cuál es su horario de trabajo? 업무 시간은 어떻게 되나요?
¿Por qué regresa tarde a casa? 왜 집에 늦게 돌아가나요?
¿Normalmente qué hace en la noche? 보통 저녁에는 무엇을 하나요?

Gramática 주요 구문 분석

외국어는 입에서 먼저 익숙해지면 머리로 문법 내용을 배우고 시작하는 것보다 훨씬 더 자연스러운 말하기가 가능해집니다. 말하기로 새로운 테마에 대해 먼저 학습한 후 중요하게 다루어진 문법적인 내용을 더해보세요.

● 더 상세한 설명은 <실비아의 스페인어 멘토링> 교재 episodio.50~55에서 확인할 수 있습니다.

1. 재귀동사   멘토링 ep.50~55

스페인어에서 재귀동사는 타동사를 자동사로 만들 때 쓰이거나, 강조를 할 때 사용하며 일반 동사의 경우 인칭대명사를 사용하지 않아도 문법상 큰 문제가 없지만 재귀동사의 경우는 타동사의 의미를 갖는 동사가 많기 때문에 재귀대명사(me, te, se...)를 꼭 동반해서 사용해야 합니다.

자주 사용하는 재귀동사

levantarse 일어나다

— Todos los días **me levanto** muy temprano a las 6:30 de la mañana.
나는 매일 아침 6시반에 매우 일찍 일어나.

— Mi hermana siempre **se levanta** muy tarde.
내 여동생은 항상 늦게 일어난다.

— Mañana tengo que **levantarme** antes de las 7 de la mañana.
내일 나는 아침 7시 전에 일어나야 한다.

lavarse 씻다

— Primero **me lavo** la cara cuando me levanto.
나는 일어나면 가장 먼저 세수를 한다.

  * lavar 동사 앞에 쓰인 재귀대명사는 '내가 스스로', '나의 것'이라는 의미를 갖고 있으므로 소유사 'mi'를 붙여 me lavo mi cara라고 쓸 수 없습니다.

— ¿Puedo **lavarme** primero?
내가 먼저 씻어도 될까?

— Hija, primero tienes que **lavarte** tus manos cuando regresas a casa.
딸아, 집에 돌아오면 손을 먼저 씻어야 한단다.

ducharse 샤워를 하다

— Después de tatuarme, no puedo **ducharme**.
타투를 한 후에는 샤워를 할 수 없다.

— ¿**Te vas a duchar** ahorita?
너 지금 바로 샤워 할거니?

  * ducharse=tomar la ducha
    Tomo una ducha durante 15minutos.
    나는 15분동안 샤워를 한다.

2. vestirse vs. ponerse   멘토링 ep.52

vestirse와 ponerse 모두 '(옷 등을)입다, 걸치다'는 뜻을 가지고 있지만 ponerse를 사용할 경우에는 착용하는 아이템을 반드시 동반해야 합니다.

vestirse 옷, 의복을 입다

— Y después **me visto**, tomo una taza de café y preparo mi desayuno.
그리고 그 다음 옷을 입고, 커피 한 잔을 마시고 아침을 준비한다.

— Cuando me levanto, primero **me visto** y salgo de casa.
나는 일어나면 가장 먼저 옷을 입고 집을 나선다.

ponerse 입다, 걸치다

— Y después **me pongo lentes de contacto**, tomo una taza de café y preparo mi desayuno.
그리고 그 다음 렌즈를 끼고, 커피 한 잔을 마시고 아침을 준비한다.

— Cuando me levanto, primero **me pongo pantalones** y salgo de casa.
나는 일어나면 가장 먼저 바지를 입고 집을 나선다.

3. 시간 표현   멘토링 ep.17

시간 표현을 할 때는 ser 동사의 3인칭 단수(es) / 복수(son)를 사용하며, 1시만 단수로 취급하고, 1시 이외의 모든 시간은 복수로 사용합니다. 또한, 시간 (hora)는 여성 명사이기 때문에 여성 관사 la / las를 꼭 함께 써야 합니다.

— *Mi horario de trabajo es de* **las** *9:00(nueve) de la mañana a* **las** *5:30(cinco y media=cinco treinta) p.m.*
나의 업무시간은 오전 9시에서 오후 5시반까지 이다.

— *Anoche me dormí a* **la** *1 muy tarde, pero hoy me he levantado muy temprano a* **las** *6 de la mañana.*
어젯밤에 나는 굉장히 늦게 새벽 1시에 잤지만 오늘 매우 빨리 6시에 일어났다.

4. 형용사를 부사로 만들기

형용사에 -mente를 붙이면 부사로 표현할 수 있습니다. -o로 끝나는 형용사일 경우에는 어미를 -a로 바꾼 뒤 -mente를 붙여줍니다.

claro 명확한 → **claramente** 명백하게
correcto 정확한 → **correctamente** 정확히
normal 보통 → **normalmente** 일반적으로
especial 특별한 → **especialmente** 특히

— ***Generalmente*** *regreso a mi casa a eso de las 7:30 porque hay mucho tráfico.*
교통체증때문에 보통은 7시반 즈음 집으로 돌아온다.

— *Dime tu opinión **claramente**.*
너의 의견을 명확하게 말해줘.

VERBOS PRINCIPALES 주요동사

테마의 시제에 따른 주요 동사들의 활용형을 연습합니다.
동사 활용 시 강세를 바르게 말하고 있는지 반드시 확인해 주세요!

INDICATIVO PRESENTE 직설법 현재

levantarse : me levanto, te levantas, se levanta, nos levantamos, os levantáis, se levantan
일어나다

cepillarse : me cepillo, te cepillas, se cepilla, nos cepillamos, os cepilláis, se cepillan
양치질하다

tomar : tomo, tomas, toma, tomamos, tomáis, toman
마시다, 잡다

vestirse(-i) : me visto, te vistes, se viste, nos vestimos, os vestís, se visten
옷을 입다

preparar : preparo, preparas, prepara, preparamos, preparáis, preparan
준비하다

comer : como, comes, come, comemos, coméis, comen
먹다

ir : voy, vas, va, vamos, vais, van
가다

regresar : regreso, regresas, regresa, regresamos, regresáis, regresan
돌아가다, 돌아오다

cenar : ceno, cenas, cena, cenamos, cenáis, cenan
저녁식사 하다

leer : leo, lees, lee, leemos, leéis, leen
읽다

Práctica 말하기 연습

무조건 많은 단어를 암기하는 것보다 지금까지 학습한 어휘를 사용하여 더 많이, 더 다양한 문장을 만들어보는 것이 스페인어 스피킹 실력 향상에 도움이 됩니다. 아래의 문장 패턴을 활용하여 최대한 다양하게 표현하는 연습을 해보세요.

원어민 음성

1

Es muy importante
~하는 것은 중요하다

comer saludable 건강하게 먹는 것
desayunar bien 아침을 잘 먹는 것
tener un pasatiempo 취미를 가지는 것
hacer ejercicio 운동을 하는 것

2

Cuando me levanto primero
나는 일어나면 가장 먼저

me cepillo los dientes 양치질을 한다
tomo un vaso de agua 물 한 컵을 마신다
me lavo la cara 세수를 한다
hago estiramientos 스트레칭을 한다

3

Ceno junto con mis padres
나는 부모님과 함께 저녁식사를 한다

y luego voy al gimnasio 그리고나서 체육관에 간다
y después veo una serie en Netflix 그 다음 넷플릭스 시리즈 하나를 본다
y luego charlo con mis amigos 그리고나서 친구들과 수다를 떤다
y después escribo en mi diario 그 다음 일기를 쓴다

4

Al regresar a casa
집에 돌아오자마자

leo las noticias más importantes del día 오늘의 중요한 소식(뉴스)를 읽는다
veo un drama que me gusta 내가 좋아하는 드라마를 본다
llamo con mi novi@ 남자(여자)친구와 통화를 한다
escribo un diario 일기를 쓴다

40 cuarenta

UNIDAD. 5

A2 Mis planes para este fin de semana

주말 계획

Antes de empezar 준비

Comprensión del tema 테마 이해하기

스페인어로 하나의 긴 스토리를 이야기하려면, 우선 한국어로 그 스토리를 충분히 이해하고 있어야 합니다. 아래 한국어 해석을 먼저 한 번 읽어보고 실비아 선생님의 스페인어 음성을 반복해서 들어보세요.

실비아 음성

청취 후 체크박스에 체크해 주세요. 반복 청취를 할수록 강세와 발음을 정확하게 습득할 수 있고 속도가 빠른 음성도 자주 접하면 익숙해집니다.

> 한 개의 단어가 아닌 한 묶음으로 어휘를 익혀주세요. 묶음 어휘 학습으로 정확한 문법과 끊어 읽기가 가능해지며 더욱더 자연스러운 스피킹에 도움을 줍니다.

este fin de semana
이번 주말에는 공부, 가족, 친구와 함께 할 많은 계획이 있어.

en la mañana   *voy a ir a*
오전에는 올 해 학교 프로젝트에서 부족한 주제들을 조사하러 도서관에 갈 거야.

　　　saliendo de
도서관에서 나오면 할머니께 약과 김치 조금을 가져다드리기 위해서 할머니 집으로 가는

버스를 탈 거야.

en la tarde   *por la noche*
오후에는 언니 친구들과 언니 생일을 축하할 것이고, 밤에는 내 친구들과 한강에

a pasear en bicicleta   *de regreso*
자전거를 타러 갈 거야. 돌아오는 길에는 기분 좋은 밤을 즐기러 노래방에 갈 거야.

이번 주말은 조금 길고 피곤할 것 같아.

 ¡Expresiones! 이렇게 표현할 수 있어요

주말에 할 수 있는 활동
ver un partido deportivo 스포츠 경기 관람하기　hacer la compra 장보기　limpiar la casa 집 청소하기
comer fuera de casa 외식하기　lavar el coche(carro) 세차하기　dormir la siesta 낮잠 자기
lavar ropa 빨래하기　visitar a los papás 부모님 찾아가기(방문하기)

05 Mis planes para este fin de semana A2

Escuchar y leer 원어 본문 듣고 읽기

● 아래의 질문박스에 대한 대답을 순서대로 하이라이트 표시하였습니다. 표시된 부분을 참고하여 단어가 아닌 문장으로 대답하는 연습을 해보세요.

Este fin de semana tengo muchos planes para hacer con mis estudios, mi familia y mis amigos. En la mañana voy a ir(iré) a la biblioteca para investigar los temas que me faltan de mi proyecto anual de la escuela.

Saliendo de la biblioteca, voy a tomar(tomaré) el bus que me va a llevar (me llevará) a casa de mi abuela para llevarle sus medicinas y un poco de Kimchi.

En la tarde, vamos a celebrar(celebraremos) junto con los amigos de mi hermana, por la fiesta de su cumpleaños y por la noche voy a ir(iré) con mis amigos a pasear en bicicleta al río Han y de regreso vamos a ir(iremos) al Norebang para disfrutar de una linda velada con ellos.

Este fin de semana será un poco largo y muy agotador.

Hasta aquí : 133 palabras

 ¿Preguntas? 이렇게 질문할 수 있어요

¿Qué planes tiene para este fin de semana por la mañana?
이번 주 주말 오전에 어떤 계획이 있나요?

¿Por qué va a visitar a su abuela? 왜 할머니를 방문하나요?

¿Por qué se reúne con los amigos de su hermana? 언니의 친구들과 왜 만나나요?

¿Después de la fiesta de su hermana tiene planeado hacer alguna otra actividad? 언니 생일 파티 후에 다른 활동을 할 계획이 있나요?

Gramática 주요 구문 분석

외국어는 입에서 먼저 익숙해지면 머리로 문법 내용을 배우고 시작하는 것보다 훨씬 더 자연스러운 말하기가 가능해집니다. 말하기로 새로운 테마에 대해 먼저 학습한 후 중요하게 다루어진 문법적인 내용을 더해보세요.

> 더 상세한 설명은 <실비아의 스페인어 멘토링> 교재 episodio.83~85에서 확인할 수 있습니다.

1. ir동사로 미래표현 vs. 미래동사 　멘토링 ep. 83~85

스페인어에서는 미래에 대한 이야기를 할 때 직설법 현재형, ir a+동사원형, 직설법 미래형 세 가지로 표현이 가능합니다. 초급 단계에서 미래형이 익숙하지 않을 경우에는 ir 동사를 활용하여 미래를 간단하게 나타낼 수 있습니다.

— En la mañana **voy a ir** a la biblioteca.
 (voy a ir = iré)
 오전에는 도서관에 갈 것이다.

— En la tarde **vamos a celebrar** junto con los amigos de mi hermana, por la fiesta de su cumpleaños.
 (vamos a celebrar = celebraremos)
 오후에 언니 친구들과 함께 언니 생일을 축하할 것이다.

2. 여러가지 전치사　멘토링2 더보기(부록)

para ~을 위해(목적), ~를 향하여(방향)
— **para** hacer con mis estudios　공부를 하기 위해

en ~에/에서(위치), ~에/때에 (시기, 기간)
— **en** la mañana　아침에

de ~의(소유), ~에서(근원지)
— Saliendo **de** la biblioteca　도서관에서 나오면서
— casa **de** mi abuela　할머니의 집

por ~때문에(원인), ~무렵(기간)
— **por** la noche　저녁 즈음

a ~에게(목적어), ~로(목적지)
— voy a ir **a** la biblioteca　도서관에 갈 것이다

con ~와 함께(동반), ~을 넣은(부속)
— para disfrutar de una linda velada **con** ellos
 그들과 함께 좋은 밤을 보내기 위해

VERBOS PRINCIPALES 주요동사

테마의 시제에 따른 주요 동사들의 활용형을 연습합니다. 동사활용시 강세를 바르게 말하고 있는지 반드시 확인해주세요!

INDICATIVO PRESENTE 직설법 현재

faltar : falto, faltas, falta, faltamos, faltáis,
부족하다　　faltan

llevar : llevo, llevas, lleva, llevamos, lleváis,
지니다, 가지고 있다　llevan

celebrar : celebro, celebras, celebra,
축하하다　　celebramos, celebráis, celebran

pasear : paseo, paseas, pasea, paseamos,
산책하다　　paseáis, pasean

disfrutar : disfruto, disfrutas, disfruta,
즐기다　　disfrutamos, disfrutáis, disfrutan

INDICATIVO FURUTO 직설법 미래

ir : iré, irás, irá, iremos, iréis, irán
가다

tomar : tomaré, tomarás, tomará,
(탈 것을)타다　tomaremos, tomaréis, tomarán

llevar : llevaré, llevarás, llevará, llevaremos,
지니다, 가지고 있다　llevaréis, llevarán

celebrar : celebraré, celebrarás, celebrará,
축하하다　　celebraremos, celebraréis,
　　　　　celebrarán

ser : seré, serás, será, seremos, seréis,
~이다　serán

Práctica 말하기 연습

무조건 많은 단어를 암기하는 것보다 지금까지 학습한 어휘를 사용하여 더 많이, 더 다양한 문장을 만들어보는 것이 스페인어 스피킹 실력 향상에 도움이 됩니다. 아래의 문장 패턴을 활용하여 최대한 다양하게 표현하는 연습을 해보세요.

1

Tengo muchos planes
나는 많은 계획이 있다

+

para hacer con mis estudios, mi familia y mis amigos
학업, 가족, 친구들과 함께 하기 의한

para trabajar en una empresa muy grande en España
스페인에 있는 큰 회사에서 일을 하기 위한

para visitar a mi amiga Celina que está en Barcelona
바르셀로나에 있는 내 친구 셀리-를 방문하기 위한

para jugar con mi perro YEPEE este fin de semana
이번 주말에 우리집 강아지 예삐와 함께 놀기 위한

2

En la mañana iré (voy a ir) a
아침에 나는 갈 것이다

la biblioteca para investigar los temas
테마들을 조사하러 도서관에

la lavandería para lavar mis zapatos que están sucios
더러운 신발을 빨러 세탁실에

un parque cerca de mi casa para trotar
집 근처에서 달리기 위해 공원에

la cafetería porque tengo una reunión con mi jefe
사장님과 회의가 있어서 카페에

3

Este fin de semana
이번 주말은

+

será un poco largo y muy agotador
조금 길고 아주 피곤할 것이다

jugaré(voy a jugar) con mis primos
(나는) 나의 사촌들과 놀 것이다

terminaremos(vamos a terminar) todas las tareas para la presentación
(우리는) 발표를 위한 모든 과제를 끝낼 것이다

será muy feliz porque mi novio regresa a Corea
(나는) 내 남자친구가 한국으로 돌아와서 정말 행복할 것이다

cuarenta y cinco **45**

PRÁCTICA ORAL

평소에 필기체를 눈에 익혀두면 언젠가 스페인어 필기체로 쓰인 현지 간판, 현지인이 쓴 메모 그리고 DELE 시험을 볼 때 등 실전 스페인어 활용에 큰 도움이 됩니다. 이번 테마를 정리하며 한국어 해석, 정자체 등 익숙한 가이드 없이 스페인어 필기체로 된 원고를 읽어보고 친구에게 말하듯 자연스럽게 말하는 연습을 해보세요.

Este fin de semana tengo muchos planes para hacer con mis estudios, mi familia y mis amigos. En la mañana voy a ir(iré) a la biblioteca para investigar los temas que me faltan de mi proyecto anual de la escuela.

Saliendo de la biblioteca voy a tomar(tomaré) el bus que me va a llevar (me llevará) a casa de mi abuela para llevarle sus medicinas y un poco de Kimchi.

En la tarde vamos a celebrar(celebraremos) junto con los amigos de mi hermana, por la fiesta de su cumpleaños y por la noche voy a ir(iré) con mis amigos a pasear en bicicleta al río Han y de regreso vamos a ir(iremos) al Norebang para disfrutar de una linda velada con ellos.

Este fin de semana será un poco largo y muy agotador.

UNIDAD. 6

A2 ¿Por qué trotas todos los días?

왜 매일 조깅을 하니?

Antes de empezar 준비

Comprensión del tema 테마 이해하기

스페인어로 하나의 긴 스토리를 이야기하려면, 우선 한국어로 그 스토리를 충분히 이해하고 있어야 합니다. 아래 한국어 해석을 먼저 한 번 읽어보고 실비아 선생님의 스페인어 음성을 반복해서 들어보세요.

청취 후 체크박스에 체크해 주세요. 반복 청취를 할수록 강세와 발음을 정확하게 습득할 수 있고 속도가 빠른 음성도 자주 접하면 익숙해집니다.

나는 체중 유지를 위해 조깅하는 것을 매우 좋아해. [mantener el peso] 조깅을 하기 전에 나는 거의 항상 [antes de] 시간을 체크하고 [reviso el tiempo] 시간이 충분하다면 피부를 보호하기 위해서 선크림을 발라. [me pongo la crema solar]

나는 출근 전 아침에 조깅을 하려고 노력해. [antes de ir al trabajo] 그러나 현실적으로 불가능한 다양한 상황들이 있지. [en realidad]

내가 주로 조깅을 하는 곳은 우리 집 근처에 있는 [cerca de] 초등학교야. 조깅을 하기위해 많은 장비가 필요하지 않기 때문에 정말 좋아. 게다가 돈을 안들이고 몸매를 유지할 수 있는 심플한 운동이야.

보통 나는 아침에 40분 정도 조깅을 해. [por lo general]

내가 주로 조깅하는 초등학교에는 학교 주변을 둘러싼 긴 고무 트랙이 있어.

많은 주민들이 운동을 하기 위해 아침에 나와. [por la mañana]

나는 매일 일어나서 [todos los días] 항상 눈곱만 떼고 [me limpio solo las legañas] 조깅하러 바로 나가. [enseguida salgo]

 ¡Expresiones! 이렇게 표현할 수 있어요

체중(el peso)과 관련된 표현
mantener el peso 체중을 유지하다 **controlar el peso** 체중을 조절하다
bajar de peso 살을 빼다 **perder peso** 살을 빼다

06   ¿Por qué trotas todos los días?

Escuchar y leer 원어 본문 듣고 읽기

A mí, me encanta trotar para mantener el peso.
Casi siempre antes de trotar, reviso el tiempo y si me alcanza el tiempo, me pongo la crema solar para proteger mi piel.
Me esfuerzo por trotar por(en) la mañana antes de ir al trabajo.
Pero en realidad, hay varias ocasiones que son imposibles.
El lugar donde suelo trotar es una escuela primaria cerca de mi casa.
Trotar es muy bueno porque no se necesitan muchos equipos para hacerlo.

 ¿Preguntas? 이렇게 질문할 수 있어요

¿Por qué le gusta trotar? 조깅하는 것을 왜 좋아하나요?
¿Por qué se pone crema solar? 선크림을 왜 바르나요?
¿Generalmente en dónde trota? 보통 어디에서 조깅을 하나요?
¿Por qué piensa que trotar es bueno? 조깅이 왜 좋다고 생각하나요?

Además, no cuesta nada de dinero y es un ejercicio simple mantenerme en forma.

Por lo general, troto como 40 minutos por la mañana. **L**a escuela primaria en la que suelo trotar tiene una larga pista de goma que rodea la escuela.

Muchos vecinos salen por la mañana a hacer ejercicio.

Todos los días, cuando me levanto, siempre me limpio solo las legañas(pitañas) y enseguida salgo para trotar.

Hasta aquí : 152 palabras

¿Preguntas? 이렇게 질문할 수 있어요

¿Cuánto tiempo trota por la mañana? 아침에 얼마나 조깅을 하나요?

Gramática 주요 구문 분석

외국어는 입에서 먼저 익숙해지면 머리로 문법 내용을 배우고 시작하는 것보다 훨씬 더 자연스러운 말하기가 가능해집니다. 말하기로 새로운 테마에 대해 먼저 학습한 후 중요하게 다루어진 문법적인 내용을 더해보세요.

1. 역구조동사 encantar 〈멘토링 ep.44~45〉

역구조동사가 사용된 구문은 [간접목적대명사+역구조동사(3인칭 단수/복수)+주어(명사/동사원형)]으로 쓰이며 직역하면 '(주어)는 (간접목적대명사)에게 ~을 준다'로 해석이 됩니다.
역구조동사 구문에서 인칭대명사는 사용하지 않으며, 명사(주어)의 수에 맞추어 동사를 단수 혹은 복수로 사용합니다.

많이 쓰이는 역구조동사

gustar 좋아하다	gusta/gustan
encantar 매우 좋아하다	encanta/encantan
doler 아픔을 주다	duele/duelen
importar 중요하다, 문제가 되다	importa/importan
parecer ~한 것 같다, ~처럼 보이다	parece/parecen
interesar 관심을 끌다	interesa/interesan
molestar 짜증나게 하다	molesta/molestan

— A mí, **me encanta** trotar para perder el peso.
  나는 살을 빼기위해 조깅하는 걸 좋아한다.

— Estos días **me duelen** los ojos.
  요즘 나는 눈이 아프다.

— ¿**Te interesan** los deportes?
  너는 스포츠들에 관심이 있니?

— **Me parece** muy buena manera.
  좋은 방법인 것 같아.

— **Nos gusta** ver película juntos en los fines de semana.
  우리는 주말마다 함께 영화 보는 것을 좋아한다.

*역구조동사 뒤에 명사가 올 때는 정관사를 동반하여 사용합니다.

2. 관계대명사 que 〈멘토링 ep.92〉

관계대명사는 두 문장을 하나로 합칠 때, 언급된 단어를 반복하지 않도록 도와주는 역할을 합니다. 그중 관계대명사 que는 사람 혹은 사물을 모두 가리킬 수 있기 때문에 가장 많이 쓰이며, 의문사 que와 달리 아쎈또가 없습니다.

— La escuela primaria **que** suelo trotar tiene una larga pista de goma **que** rodea la escuela.
  내가 주로 조깅하는 초등학교에는 학교 주변을 둘러싼 긴 고무 트랙이 있어.

  ① **La escuela primaria** tiene una larga pista de goma. + Yo suelo trotar en **la escuela primaria**.
  ② La escuela primaria tiene **una larga pista de goma**. + **la larga pista de goma** rodea la escuela.

— BLACKP!NK **que** es un grupo coreano muy famoso, va a visitar Argentina para su concierto.
  매우 유명한 한국인 그룹인 블랙핑크는 그들의 콘서트를 위해 아르헨티나를 방문할 거야.

  BLACKPINK es un grupo coreano muy famoso. + **BLACKPINK** va a visitar Argentina para su concierto.

— Quiero comprar un carro nuevo **que** se venden solo 100 unidades en todo el país.
  나는 전국에 100대만 판매하는 새로운 차를 사고싶어.

  Quiero comprar un **carro nuevo**. + el **carro nuevo** se venden solo 100 unidades en todo el país.

3. 관계부사 donde 〔멘토링 ep.97〕

관계부사 donde는 장소 명사 또는 장소 부사를 선행사로 취하며 '~하는 (장소)'로 해석합니다. 의문사 dónde와 달리 아쎈또가 없습니다.

— El lugar **donde** suelo trotar es una escuela primaria cerca de mi casa.
  내가 주로 달리기를 하는 곳은 우리집 근처의 초등학교이다.

— Yo vivo en un apartamento **donde** vive una cantante muy famosa.
  나는 유명한 여가수가 살고있는 아파트에 살아.

4. 무인칭 se 〔멘토링 ep.55〕

무인칭 se는 재귀동사의 용법 중 하나로 불특정한 주어의 행위를 나타내며 항상 3인칭 단수를 사용합니다.

necesitarse 필요하다
— No **se necesitan** muchos equipos para hacerlo.
  그것을 하기위해서 많은 장비가 필요하지는 않아.

venderse 팔다
— **Se venden** varias cosas en la tienda de mi tío.
  우리 삼촌의 가게에는 다양한 물건을 판다.

poderse 가능하다
— ¿**Se puede** entrar?
  들어가도 될까요?

decirse ~라고 한다
— ¿Cómo **se dice** HOLA en coreano?
  Hola를 한국어로 뭐라고 하나요?

VERBOS PRINCIPALES 주요동사

테마의 시제에 따른 주요 동사들의 활용형을 연습합니다.
동사 활용 시 강세를 바르게 말하고 있는지 반드시 확인해 주세요!

INDICATIVO PRESENTE 직설법 현재

trotar : troto, trotas, trota, trotamos, trotáis, trotan
조깅하다

perder(-ie) : pierdo, pierdes, pierde, perdemos,
잃다   perdéis, pierden

revisar : reviso, revisas, revisa, revisamos, revisáis,
주의 깊게 보다   revisan

alcanzarse : me alcanzo, te alcanzas, se alcanza,
~에 닿다, 도달하다   nos alcanzamos, os alcanzáis,
                    se alcanzan

ponerse(-go) : me pongo, te pones, se pone,
몸에 걸치다   nos ponemos, os ponéis, se ponen

proteger(-jo) : protejo, proteges, protege,
보호하다   protegemos, protegéis, protegen

necesitar : necesito, necesitas, necesita,
필요로 하다   necesitamos, necesitáis, necesitan

costar(-ue) : cuesto, cuestas, cuesta, costamos,
값이 나가다   costáis, cuestan

limpiarse : me limpio, te limpias, se limpia,
깨끗하게 하다   nos limpiamos, os limpiáis, se limpian

Práctica 말하기 연습

무조건 많은 단어를 암기하는 것보다 지금까지 학습한 어휘를 사용하여 더 많이, 더 다양한 문장을 만들어보는 것이 스페인어 스피킹 실력 향상에 도움이 됩니다. 아래의 문장 패턴을 활용하여 최대한 다양하게 표현하는 연습을 해보세요.

원어민 음성

1

A mí, me encanta
나는 ~을 무척 좋아한다

+

trotar para perder el peso
살을 빼기위해 조깅하는 것을

ver videos para practicar español
스페인어를 연습하기위해 동영상 보는 것을

ir a un café para estudiar
공부하기위해 카페에 가는 것을

tomar un té para dormir bien
숙면을 위해 차 한잔을 마시는 것을

2

El lugar donde suelo trotar
내가 주로 조깅하는 곳은

+

es una escuela primaria cerca de mi casa
우리집 근처 초등학교이다.

es un parque muy grande cerca de mi casa
우리집 근처에 있는 아주 큰 공원이다

es un parque cerca del río Han
한강 근처에 있는 공원이다

es un gimnasio que está un poco lejos de mi casa
우리집에서 약간 멀리 떨어져 있는 체육관이다

3

Trotar es muy bueno
조깅을 하는 것은 매우 좋다

+

porque no se necesitan muchos equipos para hacerlo
그것을 하는데 많은 장비가 필요하지 않기 때문이다

porque es una manera de vivir más saludable
우리가 더 건강하게 사는 방법 중 하나이기 때문이다

porque nos ayuda mucho a mejorarnos
우리에게 건강해지는 데 많은 도움을 주기 때문이다

porque se puede pasar tiempo con los miembros del equipo
팀원들과 함께 시간을 보낼 수 있기 때문이다

* se puede+inf. ~할 수 있다
특정 인칭없이 가능성을 표현하고자 할 때는 무인칭 se를 사용하여 [se puede+동사원형]으로 표현할 수 있습니다.

cincuenta y tres 53

UNIDAD. 7

A2 **Los deportes que me gustan**

내가 좋아하는 스포츠들

Antes de empezar 준비

Comprensión del tema 테마 이해하기

스페인어로 하나의 긴 스토리를 이야기하려면, 우선 한국어로 그 스토리를 충분히 이해하고 있어야 합니다. 아래 한국어 해석을 먼저 한 번 읽어보고 실비아 선생님의 스페인어 음성을 반복해서 들어보세요.

실비아 음성

🎧 ☐ ☐ ☐   청취 후 체크박스에 체크해 주세요. 반복 청취를 할수록 강세와 발음을 정확하게 습득할 수 있고 속도가 빠른 음성도 자주 접하면 익숙해집니다.

a mí   *hacer gimnasia* *me encanta*   *desde que*
나는 축구, 농구, 체조를 엄청 좋아해. 5살 때부터 다양한 종목의 운동을 시작했어.

우리의 신체 건강을 위해서 스포츠를 연습하는 것은 정말 중요해서 나는 운동하는 걸 좋아하지.

por ejemplo   *después de*
예를 들어 학교와 직장에서 힘든 하루를 보내고 난 후 운동하러 친구, 형제들과 함께

jugar al fútbol
축구하러 나가기 위해 집으로 돌아가는 것이 난 좋아.

    en total
우리는 모두 20명이고 경기를 위해 10명씩 두 팀을 짜.

cada fin de semana
주말마다 경기를 하고 지는 팀은 피자, 아이스크림, 음료수를 사야 해.

mantenerme en forma   *y además*
나는 몸매 유지하는 걸 좋아하는데 게다가 운동하는 건 스트레스 해소와 릴렉스는 데 도움이 돼.

            hacer las tareas
그래서 운동이나 스포츠는 매일의 일들을 하기 위한 에너지를 주지.

 ¡Expresiones! 이렇게 표현할 수 있어요

운동종목 표현하기
el baloncesto 농구 el bádminton 배드민턴 el balonmano 핸드볼 el béisbol 야구 el billar 당구 el boxeo 복싱
el atletismo 육상 la escalada 클라이밍 el esquí 스키 el fútbol 축구 el golf 골프 los bolos 볼링 la natación 수영 el patinaje 스케이팅 el voleibol 배구 el waterpolo 수구

07 Los deportes que me gustan

Escuchar y leer 원어 본문 듣고 읽기

A mí, me encanta jugar al fútbol, básquetbol y hacer gimnasia. Desde que tengo cinco años de edad empecé a hacer varios tipos de ejercicios.
Para la salud de nuestro cuerpo, es muy importante practicar deportes, por eso, me encanta lo que hago.
Por ejemplo, después de un día pesado en la escuela y en el trabajo me gusta regresar a casa para salir con mis amigos a jugar al fútbol.

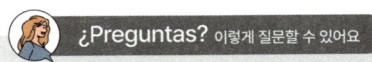

¿Le gusta hacer deporte? 운동(스포츠)를 좋아하나요?
¿Hace cuánto tiempo que practica deportes? 언제부터 운동을 했나요?
¿Por qué practica deporte? ¿Por qué le gusta? 왜 운동을 즐기나요(좋아하나요)?

| el fútbol | el básquetbol | hacer gimnasia |

En total somos veinte y hacemos dos equipos de diez cada uno para jugar. **R**egularmente, jugamos cada fin de semana y el equipo que pierde tiene que invitar la pizza, los helados y las bebidas.

Me gusta mantenerme en forma, y además hacer ejercicio nos ayuda desestresarnos y relajarnos. **A**sí que, hacer ejercicio o algunos deportes nos da más energía para hacer las tareas diarias.

Hasta aquí : 138 palabras

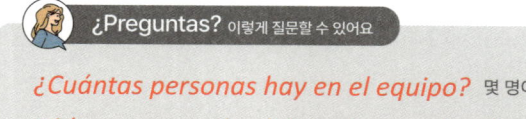

¿Preguntas? 이렇게 질문할 수 있어요

¿Cuántas personas hay en el equipo? 몇 명이 한 팀인가요?
¿Cómo nos ayuda el deporte emocionalmente? 운동이 정서적으로 어떤 도움을 주나요?

Gramática 주요 구문 분석

외국어는 입에서 먼저 익숙해지면 머리로 문법 내용을 배우고 시작하는 것보다 훨씬 더 자연스러운 말하기가 가능해집니다. 말하기로 새로운 테마에 대해 먼저 학습한 후 중요하게 다루어진 문법적인 내용을 더해보세요.

1. 직설법 단순과거 불규칙동사 〔멘토링 ep. 71〕

직설법 단순과거는 과거의 한 시점에서 일어난 일시적인 사건이나 동작, 상태가 과거의 한순간에서 끝난 것을 의미하는 시제입니다.

단순과거 불규칙동사의 다양한 유형 중 empezar 동사는 발음에 의해 철자가 바뀌는 불규칙 동사 중 하나입니다.

직설법 현재	직설법 단순과거
empiezo	empecé
empiezas	empezaste
empieza	empezó
empezamos	empezamos
empezáis	empezasteis
empiezan	empezaron

— Desde que tengo cinco años de edad **empecé** a practicar varios tipos de ejercicios.
　나는 5살때부터 다양한 종류의 운동을 하기 시작했다.

2. 시간경과 표현

desde que ~이래로
— **Desde que** tengo cinco años de edad　5살 때 부터

* desde~ hasta~ ~(에서)부터 ~까지
— He caminado **desde** Gangnam **hasta** Jamsil.
　나는 강남에서 잠실까지 걸었어.

después de ~이후에 (↔ **antes de** ~이전에)
— **Después de** un día pesado en la escuela y en el trabajo me gusta regresar a casa para salir.
　학교와 직장에서 힘든 하루를 보내고 난 후 밖으로 나가기 위해 집으로 돌아가는 걸 좋아한다.

— Perdón, creo que no puedo llegar **antes de** terminar tu clase.
　미안해, 네 수업이 끝나기 전에 도착을 못 할 것 같아.

VERBOS PRINCIPALES 주요동사

테마의 시저에 따른 주요 동사들의 활용형을 연습합니다. 동사 활용 시 강세를 바르게 말하고 있는지 반드시 확인해 주세요!

INDICATIVO PRESENTE 직설법 현재

encantar : me encanta(n),
무척 좋아하다　te encanta(n), le encanta(n),
　nos encanta(n), os encanta(n),
　les encanta(n)

hacer(-go) : hago, haces, hace, hacemos,
하다, 만들다　hacéis, hacen

practicar : practico, practicas, practica,
연습하다　practicamos, practicáis,
　practican

jugar(-ue) : juego, juegas, juega, jugamos,
놀다, 경기하다　jugáis, juegan

perder(-ie) : pierdo, pierdes, pierde,
잃다, 놓치다　perdemos, perdéis, pierden

invitar : invito, invitas, invita, invitamos,
초대하다　invitáis, invitan

mantenerse(-go) : me mantengo,
유지하다　te mantienes, se mantiene,
　nos mantenemos, os mantenéis,
　se mantienen

desestresarse : me desestreso,
스트레스를 풀다　te desestresas, se desestresa,
　nos desestresamos,
　os desestresáis, se desestresan

relajarse : me relajo, te relajas, se relaja,
완화하다　nos relajamos, os relajáis,
　se relajan

dar : doy, das, da, damos, dais, dan
주다

INDICATIVO PRETÉRITO 직설법 단순과거

empezar : empecé, empezaste, empezó,
시작하다　empezamos, empezasteis,
　empezaron

cincuenta y nueve **59**

Práctica 말하기 연습

원어민 음성

무조건 많은 단어를 암기하는 것보다 지금까지 학습한 어휘를 사용하여 더 많이, 더 다양한 문장을 만들어보는 것이 스페인어 스피킹 실력 향상에 도움이 됩니다. 아래의 문장 패턴을 활용하여 최대한 다양하게 표현하는 연습을 해보세요.

1

Desde que tengo cinco años de edad
내가 5살 때 부터

Desde hace 3 años 3년 전부터

Desde que salí de la universidad
대학교 졸업 후부터

Desde que empecé a preocuparme por mi salud
나의 건강을 걱정하기 시작하면서부터

empecé a hacer varios tipos de ejercicios
다양한 종류의 운동을 시작했다

* empezar a ~하기 시작하다
* salir de ~로부터 나오다

2

Hacer ejercicio
운동하는 것은

+

nos da más energía para hacer las tareas diarias
매일의 업무를 처리하기위한 더 많은 에너지를 우리에게 준다

me da más energía para vivir una vida maravillosa con mis amores
내가 사랑하는 사람들과 함께 아름다운 인생을 살아가기 위한 더 많은 에너지를 준다

nos ayuda a tener más energía para trabajar
일하기위한 더 많은 에너지를 가질 수 있도록 도와준다

nos ayuda a tener mejor rendimiento
더 나은 효율성을 가질 수 있도록 도와준다

3

Regularmente jugamos
우리는 보통 운동한다

+

cada fin de semana 매주 주말마다
cada dos días 이틀에 한 번
dos veces a la semana 일주일에 두 번
una vez al mes 한 달에 한 번
cada sábado 매주 토요일에

60 sesenta

UNIDAD. 8

Estoy muy estresada
나 너무 스트레스 받아

Antes de empezar 준비

Comprensión del tema 테마 이해하기

스페인어로 하나의 긴 스토리를 이야기하려면, 우선 한국어로 그 스토리를 충분히 이해하고 있어야 합니다. 아래 한국어 해석을 먼저 한 번 읽어보고 실비아 선생님의 스페인어 음성을 반복해서 들어보세요.

청취 후 체크박스에 체크해 주세요. 반복 청취를 할수록 강세와 발음을 정확하게 습득할 수 있고 속도가 빠른 음성도 자주 접하면 익숙해집니다.

나는 상태가 너무 안 좋아.

나는 아파.

나는 기침을 해.

나는 스트레스 받아.

의사: 안녕하세요. 어디가 아프세요?

환자: 안녕하세요 의사선생님.

estos días　　*me estreso*　*me duele todo*
요즘 나는 일이 너무 많아서 너무 스트레스를 받아. 온몸이 아파.

　　　　　　　　　　　　　　　por la noche　*tengo un poco de tos*
눈도 아프고, 배, 등, 머리, 기관지, 가슴도 아파. 그리고 밤에는 기침도 조금 해.

tengo fiebre
게다가 열도 있어. 내 생각에 내 상태가 매우 안 좋은 것 같아.

사실 나는 주사를 안 좋아하는데 의사선생님이 주사를 맞아야 한다고 하고 주사를 놔 주셨어.

　　　　　　　　　　　　me dolió muchísimo
의사선생님이 나에게 안 아플 거라고 말했지만… 진짜 엄청 아팠어.

아픈 게 나아지려면 모든 걸 견뎌야 했어.

62　sesenta y dos

그래. 지금 나는 기침 때문에 알약이랑 물약을 사러 약국에 갈 거야.

약국에 도착했고 약사 선생님께 처방전을 드렸어.

cómo tomar las medicinas
약사 선생님은 약을 어떻게 복용해야 하는지 나에게 설명하기 시작했어.

hasta terminarlas
약을 다 먹을 때까지 매 식사 후 약 한 알을 먹어야 한다고 나에게 말씀하셨지.

tres veces al día *si no tengo tos*
그리고 하루에 세 번씩 물약 2숟가락도 먹어야 해. 기침이 멈추면 약을 그만 먹어도 된다고 말씀하셨어.

salí de
약국에서 나와서 하늘을 보면서 나는 많은 것들을 생각해.

lo más importante
내가 사랑하는 사람들과 행복하게 살기 위해서 건강하게 사는 게 제일 중요한 것 같아.

 **¡Expresiones!** 이렇게 표현할 수 있어요

신체부위 표현하기
la frente 이마 **las orejas** 귀 **la nariz** 코 **el cuello** 목 **la lengua** 혀 **los labios** 입술 **la boca** 입 **el hombro** 어깨 **los brazos** 팔 **las manos** 손 **las piernas** 다리

08 Estoy muy estresada

Escuchar y leer 원어 본문 듣고 읽기

Estoy muy mal.

Estoy enferma.

Tengo gripe.

Tengo estrés.

El doctor- la doctora: Buenas tardes, ¿qué le duele?

El paciente- la paciente: ¡Hola! Buenas tardes doctor....

«Estos días estoy con mucho trabajo, me estreso mucho. Me duele todo. Me duelen los ojos, la barriga, la espalda, la cabeza, la garganta, el pecho… Y por la noche tengo un poco de tos. Además, tengo fiebre. Creo que estoy muy mal.»

 ¿Preguntas? 이렇게 질문할 수 있어요

¿Por qué le duele tanto? 왜 그렇게 아픈가요?

¿Qué le duele? 어디가 아픈가요?

La verdad no me gustan las inyecciones, pero el doctor me dijo que tiene que ponérmela y me la puso...

El doctor me dijo que no me va a doler, pero... me dolió muchísimo. **P**ara mejorarme del dolor tuve que aguantar todo.

Bueno ahora voy a ir a la farmacia a comprar pastillas y jarabe para la tos.

Llegué a la farmacia y le di la receta al farmacéutico.

El farmacéutico empezó a explicarme cómo tomar las medicinas. **M**e dijo que tengo que tomar una pastilla después de cada comida hasta terminarlas.

Y también tengo que tomar 2 cucharadas de jarabe tres veces al día. **M**e dijo que si no tengo tos puedo dejarlo.

Salí de la farmacia y mirando hacia el cielo pienso en muchas cosas. **V**ivir saludable es lo más importante para vivir feliz con todos mis amores.

Hasta aquí : 208 palabras

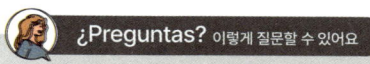 ¿Preguntas? 이렇게 질문할 수 있어요

¿Qué hizo en el hospital? 병원에서는 무엇을 했나요?
¿El farmacéutico qué le dijo? 약사는 뭐라고 말했나요?
¿Qué piensa ahora? 지금 무슨 생각을 하나요?

Gramática 주요 구문 분석

외국어는 입에서 먼저 익숙해지면 머리로 문법 내용을 배우고 시작하는 것보다 훨씬 더 자연스러운 말하기가 가능해집니다. 말하기로 새로운 테마에 대해 먼저 학습한 후 중요하게 다루어진 문법적인 내용을 더해보세요.

1. 직설법 단순과거   멘토링 ep.64~71

단순과거는 부정과거라고도 하며 어떤 과거의 한 시점에서 '~가 일어났다' 혹은 '~을 하였다'라는 의미를 나타냅니다. 일시적인 사건이나 사고 또는 동작이나 상태가 과거의 어느 한순간에서 끝난 것을 의미하는 시제입니다.

— El doctor me *dijo* que tiene que ponérmela.
의사선생님은 그것(주사)을 놓아야 한다고 나에게 말했다.

— Me *dolió* muchísimo.
나는 무척이나 아팠다.

— *Llegué* a la farmacia y le *di* la receta al farmacéutico.
약국에 도착해서 약사에게 처방전을 주었다.

— El farmacéutico *empezó* a explicarme
약사는 나에게 설명하기 시작했다.

2. 간접목적대명사+직접목적대명사   멘토링 ep.43

간접목적대명사와 직접목적대명사가 함께 쓰일 때 언제나 [간접목적대명사+직접목적대명사]의 순서로 표현합니다.

— El doctor me dijo que tiene que *ponérmela*.
* 직접목적대명사 la는 앞서 언급된 la inyección(주사)를 가리킵니다.

— Luego voy a *decírtelo*.
나중에 너에게 그것을 말할 게.

— Yo voy a *regalártela*.

regalártela → regalar(본동사)+te(간접목적대명사)+la(직접목적대명사)
* 본동사의 맨 마지막 모음에 아센또를 찍어서 강세를 주어야 합니다.

간접목적대명사와 직접목적대명사가 모두 3인칭으로 쓰일 때, 발음상 편의를 위해 간접목적대명사인 le를 se로 바꾸어 줍니다.

lelo(X) → *selo*(O)

3. 비교구문 I   멘토링 ep.60, 61

형용사의 비교구문은 우등, 열등, 동등, 최상급으로 표현이 가능합니다.

[A más+형용사+que B] A가 B보다 더 ~하다
[A menos+형용사+que B] A가 B보다 덜 ~하다
[A tan+형용사+como B] A가 B만큼 ~하다
[A ser(활용) lo/la más+형용사+entre/de]
A가 가장 ~하다

— Vivir saludable es *lo más* importante.
가장 중요한 것은 건강하게 사는 것이다.

— Vivir saludable es *más* importante *que* tener mucho dinero.
많은 돈을 가지는 것보다 건강하게 사는 것이 더 중요하다.

VERBOS PRINCIPALES 주요동사

테마의 시제에 따른 주요 동사들의 활용형을 연습합니다.
동사 활용 시 강세를 바르게 말하고 있는지 반드시 확인해 주세요!

INDICATIVO PRESENTE 직설법 현재

estresarse : me estreso, te estresas, se estresa,
스트레스 받다   nos estresamos, os estresáis, se estresan

doler : duelo, dueles, duele, dolemos, doléis,
아픔을 주다   duelen

pensar(-ie) : pienso, piensas, piensa, pensamos,
생각하다   pensáis, piensan

INDICATIVO PRETÉRITO 직설법 단순과거

poner(pus-) : puse, pusiste, puso, pusimos, pusisteis,
놓다, 두다   pusieron

decir(dij-) : dije, dijiste, dijo, dijimos, dijisteis, dijeron
말하다

dar(di-) : di, diste, dio, dimos, disteis, dieron
주다

llegar(-gué) : llegué, llegaste, llegó, llegamos,
도착하다   llegasteis, llegaron

tener que(tuv-) : tuve que, tuviste que, tuvo que,
~해야 한다   tuvimos que, tuvisteis que, tuvieron que

salir : salí, saliste, salió, salimos, salisteis, salieron
나가다

Práctica 말하기 연습

무조건 많은 단어를 암기하는 것보다 지금까지 학습한 어휘를 사용하여 더 많이, 더 다양한 문장을 만들어보는 것이 스페인어 스피킹 실력 향상에 도움이 됩니다. 아래의 문장 패턴을 활용하여 최대한 다양하게 표현하는 연습을 해보세요.

원어민 음성

1

Estos días 요즘

- estoy con mucho trabajo 나는 일이 너무 많다
- estoy con mucho estrés 나는 스트레스가 너무 많다
- estoy con mucha energía 나는 에너지가 매우 많다
- estoy con muchos proyectos 프로젝트가 굉장히 많다

2

Para mejorarme del dolor 아픈것이 낫기 위해서는

- tuve que aguantar todo 모든것을 견뎌야만 했다
- tuve que descansar bien 잘 쉬어야만 했다
- tuve que comer algo más saludable 더 건강한 것을 먹어야만 했다
- tuve que tomar las medicinas exactamente 정확하게 약을 먹어야만 했다

3

Tengo que tomar una pastilla 나는 약 한 알을 먹어야만 한다

- después de cada comida 매 식사 후에
- 3 veces al día 하루에 세 번
- por una semana 일주일 동안
- hasta mejorarme (증상이)좋아질 때 까지

4

Mirando hacia el cielo 하늘을 보면서

- pienso en muchas cosas 나는 많은 것을 생각한다
- pienso en ti 나는 너를 생각한다
- pienso en mi familia que están en Corea 나는 한국에 있는 내 가족을 생각한다
- pienso en mi futuro maravilloso 나는 멋진 내 미래를 생각한다

✽ 생각과 관련된 동사+en

pensar en ~을 생각하다 / creer en ~을 믿다 / concentrar en ~에 집중하다
confiar en ~을 신뢰하다

UNIDAD. 9

A2 ¿Cuál es tu pasatiempo?

너의 취미는 뭐야?

Antes de empezar 준비

Comprensión del tema 테마 이해하기

스페인어로 하나의 긴 스토리를 이야기하려면, 우선 한국어로 그 스토리를 충분히 이해하고 있어야 합니다. 아래 한국어 해석을 먼저 한 번 읽어보고 실비아 선생님의 스페인어 음성을 반복해서 들어보세요.

청취 후 체크박스에 체크해 주세요. 반복 청취를 할수록 강세와 발음을 정확하게 습득할 수 있고 속도가 빠른 음성도 자주 접하면 익숙해집니다.

주말에 한가할 때면 나는 많은 것들을 하는 걸 좋아해. 나는 하루 종일 집에만 있지 않으려고 항상 *me quedo en casa* 하루 전에 무언가를 계획하는데 만약 내가 집에 있다면 책을 읽거나 음악 듣는 걸 좋아해.

그것들이 스트레스를 날려주고 릴렉스하는 데 많은 도움을 주기 때문이지.

나는 쇼핑 가는 것도 좋아해서 종종 친구들과 함께 스타필드에 가.

나는 팟캐스트를 듣거나 유튜브를 보면서 스페인어 공부하는 데 시간을 보내. *todo el día* *los videojuegos* *por eso* 내 남자친구가 좋아하는 취미는 하루 종일 컴퓨터로 게임하는 거야. 그래서 내 메시지에 답을 안 하지. 그런데 내 남자친구는 게임을 하지 않고 있다고, 항상 같이 여행 가기 위해 스페인어 공부를 하고 있다고 말해. 하지만 나는 거짓말이란 느낌이 들어.

 ¡Expresiones! 이렇게 표현할 수 있어요

취미 표현하기

escuchar música 음악듣기　ver la película 영화보기　hacer ejercicio 운동하기　pasear con el perro 강아지와 산책하기
tocar guitarra 기타치기　charlar con un amigo 친구와 수다 떨기　hacer camping 캠핑 가기　ver la serie 시리즈보기

09   ¿Cuál es tu pasatiempo?

Escuchar y leer 원어 본문 듣고 읽기

Los fines de semana, como estoy libre, me gusta hacer muchas cosas. **S**iempre planeo algo un día antes para no estar en casa todo el día, pero si me quedo en casa, me gusta leer y escuchar (la) música porque eso me ayuda mucho para relajarme y todo el estrés desaparece. **T**ambién me gusta ir de compras, por eso a menudo voy a Star Field con mis amig@s. **D**edico mi tiempo libre a estudiar español, escuchando podcast y viendo videos en(de) YouTube.

El pasatiempo favorito de mi novi@ es jugar a los video juegos en la computadora todo el día y por eso no me contesta mis mensajes. **P**ero mi novi@ me dice que no está jugando a los video juegos, siempre me dice que está estudiando español para viajar juntos. **P**ero puedo sentir que es mentira.

Hasta aquí : 135 palabras

 ¿Preguntas? 이렇게 질문할 수 있어요

¿Qué le gusta hacer los fines de semana cuando está libre?
주말에 무엇을 하는 걸 좋아하나요?

¿Por qué le gusta leer? 왜 책 읽는 것을 좋아하나요?

¿Cuál es el pasatiempo favorito del novi@ de la persona?
남자친구(여자친구)의 취미는 무엇인가요?

¿Por qué ellos estudian español? 남자친구(여자친구)와 함께 스페인어 공부를 하는 이유는 무엇인가요?

Gramática 주요 구문 분석

외국어는 입에서 먼저 익숙해지면 머리로 문법 내용을 배우고 시작하는 것보다 훨씬 더 자연스러운 말하기가 가능해집니다. 말하기로 새로운 테마에 대해 먼저 학습한 후 중요하게 다루어진 문법적인 내용을 더해보세요.

1. ir동사의 관용어구   멘토링 ep.25, 36

[ir a+장소]는 '~로 가다', [ir de+행동명사]는 '~하러 가다'로 의미에 따라 ir 동사 뒤에 오는 전치사가 달라집니다.

— Me gusta leer libros, salir a pasear, ir al cine, quedar con mis amigos, ir de compras...
나는 책 읽기, 산책하러 나가기, 영화관 가기, 친구들과 함께 있기, 쇼핑 가기를 좋아해.

[ir de+행동명사] ~하러 가다

ir de compras	쇼핑하러 가다
ir de excursión	소풍 가다
ir de paseo	산책하러 가다
ir de vacaciones	휴가 가다
ir de viaje de negocios	출장 가다

[estar de+행동명사] ~중이다

estar de compras	쇼핑 중이다
estar de excursión	소풍 중이다
estar de paseo	산책 중이다
estar de vacaciones	휴가 중이다
estar de viaje de negocios	출장 중이다

2. 현재진행형   멘토링 ep.48

현재진행형을 만드는 방법은 두 가지가 있습니다. 동사원형을 현재분사형으로 만들어서 표현하거나, estar 동사의 도움을 받아 현재진행형을 나타낼 수 있습니다.

동사원형을 현재분사형으로 만들기

-ar → -ando
-er/-ir → -iendo

estar동사 + 현재분사형

estoy
estás
está
estamos
estáis
están

\+ -ando, -iendo

— Dedico mi tiempo libre a estudiar español, **escuchando** podcast y **viendo** videos en (de) YouTube.
나는 여가시간에 팟캐스트를 들으면서, 유튜브를 보면서 스페인어 공부를 해.

— Los niños bajan las escaleras **riendo** en alta voz.
아이들이 큰 소리로 웃으면서 계단을 내려온다.

VERBOS PRINCIPALES 주요동사

테마의 시제에 따른 주요 동사들의 활용형을 연습합니다.
동사 활용 시 강세를 바르게 말하고 있는지 반드시 확인해 주세요!

INDICATIVO PRESENTE 직설법 현재

pasear : paseo, paseas, pasea, paseamos, paseáis, pasean
산책하다

quedar : quedo, quedas, queda, quedamos, quedáis, quedan
머물다

llamar : llamo, llamas, llama, llamamos, llamáis, llaman
전화하다

planear : planeo, planeas, planea, planeamos, planeáis, planean
계획하다

ayudar : ayudo, ayudas, ayuda, ayudamos, ayudáis, ayudan
돕다

relajar : relajo, relajas, relaja, relajamos, relajáis, relajan
이완하다, 완화하다

desaparecer(-zco) : desaparezco, desapareces, desaparece, desaparecemos, desaparecéis, desaparecen
사라지다

dedicar : dedico, dedicas, dedica, dedicamos, dedicáis, dedican
헌신하다

Práctica 말하기 연습

무조건 많은 단어를 암기하는 것보다 지금까지 학습한 어휘를 사용하여 더 많이, 더 다양한 문장을 만들어보는 것이 스페인어 스피킹 실력 향상에 도움이 됩니다. 아래의 문장 패턴을 활용하여 최대한 다양하게 표현하는 연습을 해보세요.

원어민 음성

1

Cuando tengo mucho tiempo
나는 시간이 매우 많을 때는

+

me gusta ir al cine 영화관에 가는 걸 좋아한다
me gusta llamar a mi novi@ 남자친구에게 전화하는 걸 좋아한다
me gusta practicar español 스페인어 연습하는 걸 좋아한다
me gusta viajar a otra ciudad 다른 도시로 여행가는 걸 좋아한다

* llamar 동사의 활용
llamar 전화하다, 부르다 / llamar a ~에게 전화하다, ~을 부르다
llamar con ~와 전화하다 / llamarse ~라고 불리다

2

Pero si no tengo mucho tiempo
그러나 시간이 많이 없을때는

+

me gusta descansar en casa 집에서 쉬는 걸 좋아한다
me gusta comer en casa 집에서 식사하는 걸 좋아한다
me gusta ver la televisión TV보는 걸 좋아한다
me gusta ver YouTube 유튜브 보는 걸 좋아한다

3

Me gusta leer
나는 책 읽는 것을 좋아한다

+

porque eso me ayuda mucho para relajarme
릴렉스하는 데 많은 도움을 주기 때문이다

porque eso me ayuda mucho para imaginar mi futuro
내 미래를 상상하는데 많은 도움을 주기 때문이다

porque eso me ayuda mucho para aprender varias opiniones
다양한 의견들을 배우는 데 많은 도움을 주기 때문이다

porque eso me ayuda mucho para pensar en muchas cosas
많은 것들을 생각하는 데 많은 도움을 주기 때문이다

setenta y tres 73

UNIDAD. 10

 Yo trabajo en Seúl

나는 서울에서 일 해

Antes de empezar 준비

Comprensión del tema 테마 이해하기

스페인어로 하나의 긴 스토리를 이야기하려면, 우선 한국어로 그 스토리를 충분히 이해하고 있어야 합니다. 아래 한국어 해석을 먼저 한 번 읽어보고 실비아 선생님의 스페인어 음성을 반복해서 들어보세요.

실비아 음성

🎧 ☐ ☐ ☐   청취 후 체크박스에 체크해 주세요. 반복 청취를 할수록 강세와 발음을 정확하게 습득할 수 있고 속도가 빠른 음성도 자주 접하면 익숙해집니다.

para ir a mi oficia / *la línea dos del metro*
사무실에 가기 위해 나는 지하철 2호선을 타.

a la hora punta del tráfico / *ir en coche*
출퇴근 시간(러시아워) 때는 항상 사람이 많아서 자동차로 가는 것은 매우 어려워.

나는 직장까지 가는 길에 거의 항상 음악을 듣거나 언어를 배우기 위해 책을 읽어.

좋아. 지금부터 내 사무실에 대해서 말해볼게.

un poco lejos de
내 사무실은 우리 집에서 조금 먼 곳에 있어. 지하철로 1시간 정도 걸리지.

al lado de
서울 시청 근처에 있어. 시청 옆에는 한국의 역사적인 궁궐들이 많이 있어서 관광객들이 많아.

내 회사의 건물은 무척 커.

en la primera planta
1층에는 카페들이 많은데 스타벅스, 카페베네 등이 있어.

　　　　　　　　　　　　　　　　　　　　　　　　　　en la misma planta
나는 건물 15층 중에 5층에서 일해. 내 사무실에는 나와 함께 30명의 직원들이 같은 층에서 일해.
　　　　　　　　　　　　por lo tanto
우리 사무실은 그렇게 크지는 않아. 그래서 우리는 적당하게 공간을 나누어서 일하고 있어.
　　　en el centro de　　　　una mesa cuadrada
사무실 중앙에는 클라이언트들을 위한 사각 테이블이 여러 의자들과 함께 있어.
　　　detrás de
테이블 뒤에는 여러 테이블이 있는 큰 홀이 있어서 동료들이 활용하고 있어.
　　　　　delante de
중앙의 테이블 앞쪽에는 회의를 위해 사용하는 홀이 있어.

회의실 옆에는 프린트기, 복사기 등과 같은 장비들이 많이 있어. 우리는 2개의 큰 창문도 있어.
　　　　　　　　　　un poco ruidoso　　　　cada día　tomar el sol
창문이 대로의 보행자 도로를 향해 있어서 조금 시끄럽긴 하지만 우리는 매일 햇볕을 쬘 수 있어.

그래서 난 엄청 좋아.

 ¡Expresiones! 이렇게 표현할 수 있어요

시간을 나타내는 부사
siempre 항상　**todos los días** 매일　**a veces** 가끔　**aún** 여전히　**enseguida** 즉시, 바로
luego 곧, 후에　**mientras** ~하는 동안　**pronto** 곧　**próximamente** 곧　**ya** 벌써　**todavía** 아직

10 Yo trabajo en Seúl A2

Escuchar y leer 원어 본문 듣고 읽기

Para ir a mi oficina tomo la línea dos del metro. **S**iempre hay mucha gente a la hora punta del tráfico, por eso es muy difícil ir en coche. **C**asi siempre en mi camino al trabajo, escucho música o leo libros para aprender idiomas. **P**ues ahora voy a hablarles sobre mi oficina.

Mi oficina está un poco lejos de mi casa. **T**ardo como 1 hora en metro. **E**stá cerca del ayuntamiento de Seúl. **A**l lado del ayuntamiento hay muchos palacios históricos de Corea, por eso hay muchos turistas.

El edificio de mi compañía es muy grande. **E**n la primera planta hay varias cafeterías, por ejemplo, un Starbucks, un Café BENE, etc...

 ¿Preguntas? 이렇게 질문할 수 있어요

¿Cómo se transporta a su oficina y por qué es difícil ir en coche?
출근길에 어떻게 이동하며, 자가용으로 가는 것이 왜 어려운가요?

¿Qué hace en su camino al trabajo? 출근길에 무엇을 하나요?

¿Dónde está ubicada la oficina y qué hay cerca de ella?
직장은 어디에 위치하고, 사무실 근처에는 어떤 것이 있나요?

Yo trabajo en el quinto piso de un edificio de 15 pisos. En mi oficina trabajan conmigo 30 miembros, en la misma planta. Mi oficina no es tan grande. Por lo tanto, trabajamos compartiendo el espacio adecuadamente.

En el centro de la oficina hay una mesa cuadrada para los clientes con varias sillas. Detrás de la mesa hay una sala con varias mesas que utilizan mis compañeros. Delante de la mesa de centro, hay una sala que se usa para reuniones. Al lado de la sala de reunión hay muchos equipos, por ejemplo, impresoras, fotocopiadoras, etcétera.

También tenemos 2 ventanas grandes. Dan a una avenida peatonal, por eso es un poco ruidoso, pero podemos tomar el sol todos los días. Por eso, a mí, me gusta mucho.

Hasta aquí : 239 palabras

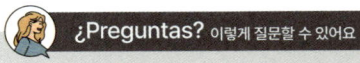 ¿Preguntas? 이렇게 질문할 수 있어요

¿En qué piso se encuentra la oficina y cuántos miembros trabaja juntos?
사무실은 몇 층에 있으며, 몇 명이 함께 일하고 있나요?

¿Dónde está el equipo de oficina?
업무를 위한 기기들은 어디에 있나요?

Gramática 주요 구문 분석

외국어는 입에서 먼저 익숙해지면 머리로 문법 내용을 배우고 시작하는 것보다 훨씬 더 자연스러운 말하기가 가능해집니다. 말하기로 새로운 테마에 대해 먼저 학습한 후 중요하게 다루어진 문법적인 내용을 더해보세요.

1. 무인칭 hay   멘토링 ep.101

— *Siempre hay mucha gente a la hora punta del tráfico.*
러시아워 시간에는 항상 많은 사람들이 있다.

hay는 haber 동사의 3인칭 단수형으로 사람 혹은 사물이 '있다, 존재하다'라는 의미로 특정한 인칭 없이 사용하는 무인칭 동사입니다.

① 어떤 사람이나 사물의 유무를 표현할 때 사용합니다.
② 복수형이 존재하지 않습니다.
③ hay 다음에 오는 명사는 정관사를 사용할 수 없습니다.
④ 특정한 인물이나 사물에는 estar 동사를 사용합니다.

— *No hay nada sobre la mesa.* 테이블 위에 아무것도 없다.
— *Hay mucha gente en Jamsil que vino a ver el concierto de K-pop.*
잠실에는 케이팝 콘서트를 보러 온 사람이 많이 있다.

VERBOS PRINCIPALES 주요동사

테마의 시제에 따른 주요 동사들의 활용형을 연습합니다. 동사 활용 시 강세를 바르게 말하고 있는지 반드시 확인해 주세요!

INDICATIVO PRESENTE 직설법 현재

tomar : tomo, tomas, toma, tomamos,
(시간이) 걸리다 tomáis, toman

tener(-go) : tengo, tienes, tiene, tenemos,
가지다   tenéis, tienen

escuchar : escucho, escuchas, escucha,
듣다   escuchamos, escucháis, escuchan

estar : estoy, estás, está, estamos, estáis,
~에 있다   están

trabajar : trabajo, trabajas, trabaja,
일하다   trabajamos, trabajáis, trabajan

2. 위치 표현 I

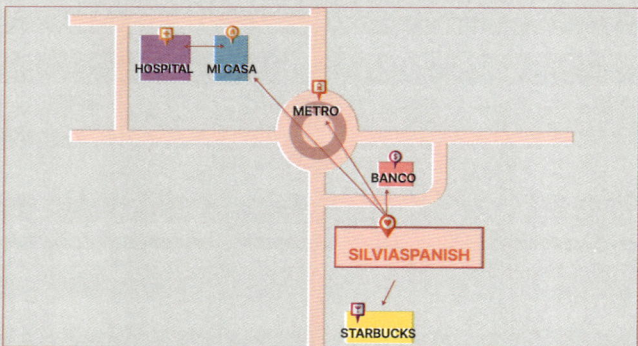

SILVIASPANISH está **lejos de** mi casa.
실비아스페인어는 우리 집에서 멀리 있다.

SILVIASPANISH está **cerca del** metro.
실비아스페인어는 지하철 역에서 가까이에 있다.

Mi casa está **al lado del** hospital.
우리 집은 병원 옆에 있다.

El hospital está **al lado de** mi casa.
병원은 우리 집 옆에 있다.

Mi casa está **cerca del** hospital.
우리 집은 병원 가까이에 있다.

STARBUCKS está **detrás de** SILVIASPANISH.
스타벅스는 실비아스페인어 뒤에 있다.

El banco está **delante de** SILVIASPANISH.
은행은 실비아스페인어 앞에 있다.

El metro está en **el centro de** la ciudad.
지하철 역은 도시 중심에 있다.

Práctica 말하기 연습

무조건 많은 단어를 암기하는 것보다 지금까지 학습한 어휘를 사용하여 더 많이, 더 다양한 문장을 만들어보는 것이 스페인어 스피킹 실력 향상에 도움이 됩니다. 아래의 문장 패턴을 활용하여 최대한 다양하게 표현하는 연습을 해보세요.

원어민 음성

1

Al lado del ayuntamiento
시청 옆에는

+

hay muchos palacios históricos de Corea
한국의 역사적인 궁궐들이 많이 있다

hay muchos jardines 정원이 많이 있다

hay muchos árboles 나무가 많이 있다

hay muchos restaurantes 식당이 많이 있다

2

Delante de la mesa de centro
중앙에 있는 테이블 뒤에는

+

hay una sala que se usa para reuniones
회의를 위해 사용하는 방이 하나 있다

hay un cuarto que se usa para visitas
손님을 위해 사용하는 방이 하나 있다

hay una impresora que se usa para copias
복사하기위해 쓰는 프린트기가 하나 있다

hay un armario (que se usa) para poner los zapatos
신발을 넣기 위한 신발장이 하나 있다

3

Por lo tanto, trabajamos
그래서 우리는 일한다

+

compartiendo el espacio adecuadamente
적절하게 공간을 나누면서

teniendo una actitud positiva 긍정적인 자세로

manteniendo el espacio en buenas condiciones
좋은 조건(상태)의 공간을 유지하면서

respetando a todos los compañeros
모든 동료들을 존중하며

ochenta y uno 81

PRÁCTICA ORAL

평소에 필기체를 눈에 익혀두면 언젠가 스페인어 필기체로 쓰인 현지 간판, 현지인이 쓴 메모 그리고 DELE 시험을 볼 때 등 실전 스페인어 활용에 큰 도움이 됩니다. 이번 테마를 정리하며 한국어 해석, 정자체 등 익숙한 가이드 없이 스페인어 필기체로 된 원고를 읽어보고 친구에게 말하듯 자연스럽게 말하는 연습을 해보세요.

Para ir a mi oficina tomo la línea dos del metro. Siempre hay mucha gente a la hora punta del tráfico, por eso es muy difícil ir en coche. Casi siempre en mi camino al trabajo escucho música o leo libros para aprender idiomas. Pues ahora voy a hablarles sobre mi oficina.

Mi oficina está un poco lejos de mi casa. Tardo como 1 hora en metro. Está cerca del ayuntamiento de Seúl. Al lado del ayuntamiento hay muchos palacios históricos de Corea, por eso hay muchos turistas. El edificio de mi compañía es muy grande. En la primera planta hay varias cafeterías, por ejemplo, un Starbucks, un Café BENE, etc...

Yo trabajo en el quinto piso de un edificio de 15 pisos. En mi oficina trabajan conmigo 30 miembros, en la misma planta. Mi oficina no es tan grande. Por lo tanto, trabajamos compartiendo el espacio adecuadamente.

En el centro de la oficina hay una mesa cuadrada para los clientes con varias sillas. Detrás de la mesa hay una sala con varias mesas que utilizan mis compañeros.

Delante de la mesa del centro, hay una sala que se usa para reuniones. Al lado de la sala de reunión hay muchos equipos, por ejemplo, impresoras, fotocopiadoras, etcétera. También tenemos 2 ventanas grandes. Dan a una avenida peatonal, por eso es un poco ruidoso, pero podemos tomar el sol todos los días. Por eso, a mí, me gusta mucho.

UNIDAD. 11

A2 **Ayer fue mi cumpleaños**
어제는 내 생일이었어

Antes de empezar 준비

Comprensión del tema 테마 이해하기

스페인어로 하나의 긴 스토리를 이야기하려면, 우선 한국어로 그 스토리를 충분히 이해하고 있어야 합니다. 아래 한국어 해석을 먼저 한 번 읽어보고 실비아 선생님의 스페인어 음성을 반복해서 들어보세요.

실비아 음성

🎧 ☐ ☐ ☐ 청취 후 체크박스에 체크해 주세요. 반복 청취를 할수록 강세와 발음을 정확하게 습득할 수 있고 속도가 빠른 음성도 자주 접하면 익숙해집니다.

어제 나는 내 친구 호세의 집에 있었고 내 휴대폰을 가져 나오는 걸 깜빡 했어. *me olvidé de*

그래서 늦게까지 아무 와도 연락하지 못했어. 저녁 8시쯤 집으로 돌아갔지. *así que* / *a eso de*

집은 어두웠고 아무도 없는 것처럼 보였어. 하지만 내 방에 들어갔을 때 갑자기 부모님과 남동생, *de repente*

할머니, 할아버지, 사촌들 그리고 이모와 이모부까지 "생일 축하해!"를 외치며 *feliz cumpleaños*

"🎵♪♩생일 축하합니다~ 생일 축하합니다~🎵♪♩" 노래를 부르기 시작했어.

그리고 불을 켰어. 부모님은 나를 위해 깜짝파티를 준비했더라고. *una fiesta sorpresa*

그리고 부모님은 신형 아이폰, 이모와 이모부는 무선 이어폰을 나에게 선물해 줬고, *último modelo* / *auriculares inalámbricos*

할머니, 할아버지는 용돈을 주셨어. 남동생은 텀블러를 선물해 줬고 사촌들은 축하를 해줬지. *un sobre con dinero* / *un vaso térmico*

뭐라고 말해야 할지 모르겠어… 왜냐면 사실 공부와 시험기간 때문에 완전히 잊고 있었거든. *no sabía que decir*

여러 감정이 드는 아름다운 날이었고 난 행복하고 감사해.

 ¡Expresiones! 이렇게 표현할 수 있어요

감정 표현하기

emocionad@ 감동적인 agradecid@ 감사한 interesad@ 흥미로운 aburrid@ 지루한 sorprendid@ 놀란
asustad@ 무서운 cansad@ 피곤한 alegre 기쁜 content@ 만족스러운 feliz 행복한 triste 슬픈 deprimid@ 우울한
enamorad@ 사랑스러운 enojad@ 화난 preocupad@ 걱정스러운 estresad@ 스트레스받는 nervios@ 긴장되는
frustrad@ 실망한, 좌절한 orgullos@ 자랑스러운

11 Ayer fue mi cumpleaños

Escuchar y leer 원어 본문 듣고 읽기

Ayer estuve en la casa de mi amigo José y me olvidé de traer mi celular.

Así que por la tarde no pude comunicarme con nadie.

A eso de las 8 de la tarde volví a casa.

Mi casa estaba oscura y parecía que no había nadie. **P**ero cuando entré a mi cuarto, de repente, mis padres, mi hermano, mis abuelos, mis primos y mis tíos empezaron a gritar "¡feliz cumpleaños!" y empezaron a cantar

🎵♪♩ **C**umpleaños feliz, te deseamos a ti, cumpleaños felices te deseamos a ti...🎵♪♩ **Y** encendieron las luces.

 **¿Preguntas?** 이렇게 질문할 수 있어요

¿Por qué no pudo comunicarse con nadie por la tarde?
왜 오후에 아무와도 연락할 수 없었나요?

¿Qué sucedió ayer en el cumpleaños?
어제 생일날 어떤 일이 일어났나요?

¿Qué sorpresa le prepararon sus padres en su cumpleaños?
부모님은 생일날 어떤 서프라이즈를 준비했나요?

Mis padres me han preparado una fiesta sorpresa. Mis padres me regalaron un iPhone (de) último modelo. Y mis tíos me regalaron auriculares inalámbricos, mis abuelos me dieron un sobre con dinero, mi hermano un vaso térmico y mis primos me felicitaron con sus presencias.

Yo no sabía que decir... porque en realidad por mis estudios y tiempos de exámenes (me) olvidé completamente. Fue un día maravilloso de muchas emociones, estoy muy feliz y agradecid@.

Hasta aquí : 167 palabras

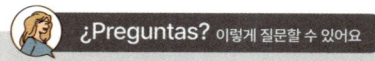

¿Qué regalos recibió de diferentes personas en su cumpleaños?
생일선물로 각각 어떤 선물을 받았나요?

Gramática 주요 구문 분석

외국어는 입에서 먼저 익숙해지면 머리로 문법 내용을 배우고 시작하는 것보다 훨씬 더 자연스러운 말하기가 가능해집니다. 말하기로 새로운 테마에 대해 먼저 학습한 후 중요하게 다루어진 문법적인 내용을 더해보세요.

1. 불완료과거 　　　　　　　멘토링 ep.73~79

직설법 불완료과거란 과거에서 지속적으로 일어난 행위를 표현할 때 사용하는 시제입니다.

불완료과거 불규칙동사

ser	ir	ver
era	iba	veía
eras	ibas	veías
era	iba	veía
éramos	íbamos	veíamos
erais	ibais	veíais
eran	iban	veían

[불완료과거 규칙동사]

-ar → -aba, -abas, -aba, -ábamos, -abais, -aban

-er/-ir → -ía, -ías, -ía, -íamos, -íais, -ían

— *Mi casa estaba oscura y parecía que no había nadie.*
우리집은 깜깜했고 아무도 없는 것처럼 보였다.

— *Yo no sabía que decir...*
뭐라고 말해야할 지 몰랐다.

2. 현재완료 사용법 　　　　　멘토링 ep.62~63

① 조금 전에 있었던 일을 설명할 때
② 과거에 경험했던 일을 설명할 때
③ 지금의 상황이 어떠한 결과가 된 경우
④ 과거에 시작해서 현재까지 계속 이어지고 있는 일

현재완료는 [haber 동사 활용형+과거분사]의 형태로 사용하며 조동사인 haber는 인칭과 시제에 맞추어 변화하며 뒤에 나오는 동사는 과거분사형(-ar 동사는 -ado로, -er/-ir 동사는 -ido로)으로 바꿔 씁니다.

— *Mis padres me han preparado una fiesta sorpresa.*
우리 부모님은 나에게 깜짝 파티를 준비해주셨다

3. 간접목적대명사 　　　　　멘토링 ep.42

간접목적대명사 (~에게)	
me	나에게
te	너에게
le(se)	그, 그녀에게
nos	우리에게
os	너희에게
les(se)	그들, 그녀들에게

— *Mis padres me regalaron un iPhone (de) último modelo.*
부모님은 나에게 신형 아이폰을 선물로 주셨다.

— *Mis abuelos me dieron un sobre con dinero.*
할머니, 할아버지는 금일봉을 나에게 주셨다.

— *Mis primos me felicitaron con sus presencias.*
사촌들은 참석해서 나를 축하해줬다.

ochenta y siete **87**

VERBOS PRINCIPALES 주요동사

테마의 시제에 따른 주요 동사들의 활용형을 연습합니다. 동사 활용 시 강세를 바르게 말하고 있는지 반드시 확인해 주세요!

INDICATIVO PRETÉRITO 직설법 단순과거

estar(*estuv-*) : estuve, estuviste, estuvo, estuvimos, estuvisteis, estuvieron
~있다

olvidarse : me olvidé, te olvidaste, se olvidó, nos olvidamos, os olvidasteis, se olvidaron
잊다

poder(*-u*) : pude, pudiste, pudo, pudimos, pudisteis, pudieron
할 수 있다

volver : volví, volviste, volvió, volvimos, volvisteis, volvieron
돌아가다

entrar : entré, entraste, entró, entramos, entrasteis, entraron
들어가다

encender : encendí, encendiste, encendió, encendimos, encendisteis, encendieron
전원을 키다

regalar : regalé, regalaste, regaló, regalamos, regalasteis, regalaron
선물하다

felicitar : felicité, felicitaste, felicitó, felicitamos, felicitasteis, felicitaron
축하하다

ser : fui, fuiste, fue, fuimos, fuisteis, fueron
~이다

PRETÉRITO IMPERFECTO 불완료과거

estar : estaba, estabas, estaba, estábamos, estabais, estaban
~있다

parecer : parecía, parecías, parecía, parecíamos, parecíais, parecían
~처럼 보이다

saber : sabía, sabías, sabía, sabíamos, sabíais, sabían
알다

Práctica 말하기 연습

무조건 많은 단어를 암기하는 것보다 지금까지 학습한 어휘를 사용하여 더 많이, 더 다양한 문장을 만들어보는 것이 스페인어 스피킹 실력 향상에 도움이 됩니다. 아래의 문장 패턴을 활용하여 최대한 다양하게 표현하는 연습을 해보세요.

원어민 음성

1

Me olvidé de traer mi celular
나는 휴대폰을 가져오는 걸 깜빡했다

+

así que no pude comunicarme con nadie
그래서 누구 와도 연락할 수 없었다

así que no pude pagar con Samsung Pay
그래서 삼성페이로 결제할 수 없었다

así que no pude llamarte 그래서 너에게 전화할 수 없었다

así que regresé a casa muy pronto
그래서 집으로 빨리 돌아갔다

2

Parecía que
~인 것처럼 보였다

+

no había nadie en mi casa 집에 아무도 없었다
había mucha gente en la calle 거리에 사람이 많았다
estaba cerrado el restaurante 식당이 닫혀 있었다
Lucas estaba molesto 루까스가 괴로웠다

* la gente는 '사람들'이라는 뜻으로 의미는 복수이지만 문법상 단수로 취급합니다!

3

Mis padres me han preparado
우리 부모님은 나에게 준비해주었다

+

una fiesta sorpresa 깜짝 파티를
un vestido muy bonito 아주 예쁜 원피스를
una cena muy deliciosa 맛있는 저녁식사를
una cosa que solo se vende en Corea
한국에만 파는 물건을

4

Fue un día maravilloso de muchas emociones,
여러 감정이 드는 아름다운 날이었다

Fue un día increíble de muchas emociones,
많은 감정이 드는 놀라운 날이었다

Fue un día lleno de muchos recuerdos,
많은 기억들로 가득 찬 날이었다

Fue un día genial, me siento increíble,
멋진 날이었고, 믿을 수 없이

+

estoy muy feliz
(나는) 너무 행복하다

UNIDAD. 12

B1 **Las islas Dokdo**
독도

Antes de empezar 준비

Comprensión del tema 테마 이해하기

스페인어로 하나의 긴 스토리를 이야기하려면, 우선 한국어로 그 스토리를 충분히 이해하고 있어야 합니다. 아래 한국어 해석을 먼저 한 번 읽어보고 실비아 선생님의 스페인어 음성을 반복해서 들어보세요.

실비아 음성

🎧 ☐ ☐ ☐ 청취 후 체크박스에 체크해 주세요. 반복 청취를 할수록 강세와 발음을 정확하게 습득할 수 있고 속도가 빠른 음성도 자주 접하면 익숙해집니다.

entre Japón y Corea
독도는 일본과 한국 사이에 있는 섬들 중 하나입니다. 역사적으로 이 섬들은 6세기부터 한국의 영토 중 한 부분이었습니다. 이것은 다양한 역사자료로 확인할 수 있습니다.

1910년 일본은 한국을 침략했습니다. 침략은 세계 2차대전이 끝난 1945년에 끝났습니다.
al final de
전쟁 막바지에 미국, 영국(대영제국) 그리고 중국 세 연합국은 일본에 한국의 침략당한
todos los territorios *las islas Dokdo*
모든 영토들을 되돌려줄 것을 명령하였습니다. 그래서 한국이 독립했을 때 독도도 함께
fueron devueltas *la policía Marítima*
반환되었습니다. 지금 독도에는 한 가정과 해양 경찰들이 살고 있습니다.
De esta manera *poder político*
이렇게 한국은 독도의 정치력을 발휘하고 있습니다. 역사적, 실질적으로요.

그렇다면, 일본은 왜 독도에 대한 정치력을 행사하는 것을 요구하는 걸까요?
recursos naturales
왜냐하면 독도는 다양한 천연자원들이 풍부한 곳이기 때문입니다.
insiste en
일본은 독도가 반환 리스트에 없었다고 주장하지만 이것은 거짓입니다.

최근 일본이 독도는 일본의 영토가 아니었다는 것을 명백하게 말하고 있는 1945년 서명된 일본
siempre que
정부의 문서가 발견되었습니다. 게다가, 일본 내에서 문제가 발생할 때마다 일본 정부는 이 문제를

이용해 국민들을 혼란에 빠트리고 있습니다.
tienen una postura firme *convencer a*
이 사건으로 인해 모든 한국인들은 확신을 가졌으며 가능한 모든 방법으로 모두를 설득하고자 합니다.

12 Las islas Dokdo

Escuchar y leer 원어 본문 듣고 읽기

Dokdo es un grupo de islas que están entre Japón y Corea. **H**istóricamente estas islas han sido parte del territorio coreano desde el siglo VI. **E**sto se puede confirmar en varios documentos históricos.

En 1910, Japón invadió a Corea. **L**a conquista terminó en 1945, cuando terminó también la Segunda Guerra Mundial. **A**l final de la guerra, los tres países aliados, Estados Unidos, Gran Bretaña y China ordenaron a Japón devolver todos los territorios invadidos de Corea. **E**ntonces cuando Corea fue liberada, también las islas Dokdo fueron devueltas.

Ahora viven en la isla una familia y miembros de la policía Marítima. **D**e esta manera Corea está usando su poder político en las islas. **D**e manera histórica y real.

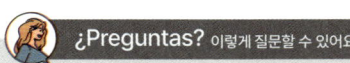

¿Dónde se encuentran las islas Dokdo? 독도는 어디에 위치 해 있나요?
¿A qué país pertenecen estas islas? 이 섬은 어느 나라에 속하 있나요?
¿Cuál es la historia de las islas Dokdo? 독도의 역사는 어떻게 되나요?

Entonces, ¿por qué Japón pide el poder político de estas islas? **P**orque es un lugar rico en varios recursos naturales. **J**apón insiste en que las islas Dokdo no estaban en la lista de devolución, pero esto es falso.

Recientemente se descubrió un documento del gobierno japonés firmado en 1945 en el que (el cual) Japón dijo claramente que las islas Dokdo no eran de su territorio. **A**demás, siempre que hay problemas dentro de Japón, el gobierno japonés usa este tema para distraer a su pueblo.

Por este asunto, todos los coreanos *tienen una postura firme** y tratan de convencer al mundo por todos los medios posibles.

* Tener una postura firme = estar completamente seguro de algo, una opinión o un pensamiento, sin cambios.

Hasta aquí : 222 palabras

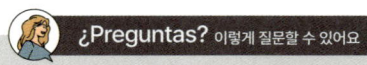

¿Preguntas? 이렇게 질문할 수 있어요

¿Por qué Japón pide el poder político de estas Islas?
일본은 왜 독도에 대한 정치력을 요구하나요?

¿Qué documentos históricos confirman que las islas Dokdo son parte del territorio coreano?
어떤 역사 문서들이 독도가 한국 영토의 일부임을 확인시켜주나요?

Gramática 주요 구문 분석

외국어는 입에서 먼저 익숙해지면 머리로 문법 내용을 배우고 시작하는 것보다 훨씬 더 자연스러운 말하기가 가능해집니다. 말하기로 새로운 테마에 대해 먼저 학습한 후 중요하게 다루어진 문법적인 내용을 더해보세요.

1. 관계대명사 el que (el cual) 〔멘토링 ep.93, 95〕

관계대명사 el que, el cual은 앞에서 언급한 명사를 중복하고 싶지 않을 때 사용하며 명사의 성, 수에 맞추어 el que, los que, la que, las que와 el cual, los cuales, la cual, las cuales로 활용합니다.

— Recientemente se descubrió un documento del gobierno japonés firmado en 1945 en **el que (el cual)** Japón dijo claramente que las islas Dokdo no eran de su territorio.
  최근에 일본이 독도가 일본 땅이 아니었다는 것을 명백하게 말하고 있는 1945년 서명된 일본 정부의 문서가 발견되었다.

— Esta es una verdad universal en **la que (la cual)** pueden confiar.
  이것은 여러분이 믿을 수 있는 보편적인 진리입니다.

2. 현재완료 vs. 단순과거 〔멘토링 ep.72〕

단순과거는 일시적인 동작이나 상태가 과거의 어느 한 순간에 끝난 것을 의미하는 시제입니다. 반면 현재완료는 현재에서 가까운 과거의 일을 표현하거나 과거에 시작한 행위가 현재까지 이어지고 있을 때 사용하는 시제입니다. 단순과거와 현재완료에 각각 자주 사용되는 시간부사를 알아 두세요.

단순과거	현재완료
ayer 어제	hoy 오늘
el año pasado 작년	este año 올 해
anoche 어젯 밤	esta mañana 오늘 아침
la semana pasada 지난 주	esta semana 이번 주
hace unos días 며칠 전에	últimamente 최근에

— Históricamente estas islas **han sido** parte del territorio coreano desde el siglo VI(seis).
  역사적으로 이 섬은 6세기부터 한국 영토의 한 부분이었다.

  * 6세기(과거)부터 현재까지 한국의 영토이므로 현재완료를 사용하였습니다.

3. 수동태

스페인어에서 수동태는 ser 동사와 estar 동사, 과거분사로 만들 수 있습니다.

① ser+과거분사+(por(de, en, entre)): 단순한 수동태 행위 표현
② estar+과거분사: 행위나 동작이 완료된 상태를 표현
③ 과거분사 (-ado, -ido)

*모든 과거분사는 주어의 성/수에 일치시킵니다.

— Entonces cuando Corea **fue liberada**, también las islas Dokdo **fueron devueltas**.
  그래서 한국이 독립했을 때 독도 역시 반환 되었다.

— La tienda ya **está cerrada** por el dueño.
  가게는 주인에 의해 닫혀 있다.

— Ella **es querida** entre sus compañeros.
  그녀는 동료들로부터 사랑을 받는다.

4. 로마 숫자 읽기

스페인어에서 로마 숫자가 많이 사용되므로 알아 두어 익숙해지는 것이 좋습니다.

로마 숫자	아라비아 숫자	스페인어
I	1	uno
II	2	dos
III	3	tres
IV	4	cuatro
V	5	cinco
VI	6	seis
VII	7	siete
VIII	8	ocho
IX	9	nueve
X	10	diez

noventa y cinco **95**

VERBOS PRINCIPALES 주요동사

테마의 시제에 따른 주요 동사들의 활용형을 연습합니다. 동사 활용 시 강세를 바르게 말하고 있는지 반드시 확인해 주세요!

INDICATIVO PRETÉRITO 직설법 단순과거

invadir : invadí, invadiste, invadió, invadimos, invadisteis, invadieron
침략하다

terminar : terminé, terminaste, terminó, terminamos, terminasteis, terminaron
끝나다

ordenar : ordené, ordenaste, ordenó, ordenamos, ordenasteis, ordenaron
명령하다

descubrir : descubrí, descubriste, descubrió, descubrimos, descubristeis, descubrieron
밝혀내다, 명백히 하다

PRETÉRITO IMPERFECTO 불완료과거

ser : era, eras, era, éramos, erais, eran
~이다

Práctica 말하기 연습

무조건 많은 단어를 암기하는 것보다 지금까지 학습한 어휘를 사용하여 더 많이, 더 다양한 문장을 만들어보는 것이 스페인어 스피킹 실력 향상에 도움이 됩니다. 아래의 문장 패턴을 활용하여 최대한 다양하게 표현하는 연습을 해보세요.

원어민 음성

1

Esto se puede confirmar en
이것은 ~을 확실히 할 수 있다

- varios documentos históricos 다양한 역사적 문서
- las noticias recientes 최근 소식
- los últimos reportes 최근 리포트
- las últimas investigaciones 최근 연구

2

Porque es un lugar
왜냐하면 ~한 장소이기 때문이다

- rico en varios recursos naturales
  다양한 천연자원이 있는 풍부한
- lleno de mucha historia
  많은 역사가 있는
- increíble y muy valioso
  놀랍고 가치가 있는
- de bella naturaleza
  아름다운 자연의

3

Todos los coreanos
모든 한국인들은

- tienen una postura firme 확신을 갖고 있다
- tienen una opinión firme 확실한 의견을 갖고 있다
- tienen una opinión clara 명백한 의견을 갖고 있다
- tienen un hábito de comer rápidamente
  밥을 빨리 먹는 습관을 갖고 있다

4

Y tratan de convencer al mundo
그리고 그들은 모두를 설득시키고자 한다

- por todos los medios posibles 가능한 모든 방법으로
- de todas las formas posibles 가능한 모든 방법으로
- de cualquier manera 원하는 방식으로
- a toda costa 무슨 수를 써서라도

noventa y siete 97

UNIDAD. 13

B1 **Mi mascota YEPEE**

나의 반려견 예삐

Antes de empezar 준비

Comprensión del tema 테마 이해하기

스페인어로 하나의 긴 스토리를 이야기하려면, 우선 한국어로 그 스토리를 충분히 이해하고 있어야 합니다. 아래 한국어 해석을 먼저 한 번 읽어보고 실비아 선생님의 스페인어 음성을 반복해서 들어보세요.

실비아 음성

🎧 ☐ ☐ ☐ 청취 후 체크박스에 체크해 주세요. 반복 청취를 할수록 강세와 발음을 정확하게 습득할 수 있고 속도가 빠른 음성도 자주 접하면 익숙해집니다.

내 애완동물은 일본 시바견이야. 수컷이고, 예삐라고 해.

학교에서 돌아오면, 나를 매우 기쁘고 행복하게 맞이해줘. 정말로, 이름에 걸맞게 행동해.

예삐는 내가 15살이 되던 해 아빠의 선물이었고, 우리 집에 산 지 이제 5년이 되었어.

color carmelita   *color café*
중간 크기의 개인데 강철 체력이야. 털은 밝은 갈색이고 눈은 삼각형에 커피색이야.

성격은 조심성이 있고 조용해.

할머니, 할아버지 댁에 우리 가족이 갔을 때 일이 생각나는데, 나는 마당에 복숭아를 따러 나와서
y después
잔디에서 기댄 그 순간 예삐가 매우 세게 짖었어.
toda mi familia
그래서 무슨 일이 일어났는지 보러 우리 가족 모두 마당에 나왔는데, 떨어지려고 하는 벌집이
sin duda
그 나무 꼭대기 바로 위에 있었어. 예삐가 분명히 무슨 일이 벌어질 줄 알고, 짖은 거야.
tantas veces me ha demostrado
(예삐는) 나의 충성스러운 개야. 충성심을 여러 번 나에게 보여주었기 때문에 나는 예삐를 사랑하고,
se ha convertido en
예삐는 내 삶의 일부가 되었어.

13 Mi mascota YEPEE

Escuchar y leer 원어 본문 듣고 읽기

Mi mascota es un perro de raza japonesa Shiba. **E**s macho y se llama Yepee. **C**uando vuelvo de la escuela, Yepee me recibe muy contento y feliz, realmente le hace honor a su nombre. **Y**epee fue un regalo de mi padre cuando cumplí 15 años y ya tiene 5 años que vive en nuestra casa.

Es un perro mediano pero su complexión es muy fuerte. **S**u pelaje es color carmelita y sus ojos son triangulares color café y en cuanto a su carácter es un perro muy reservado y silencioso.

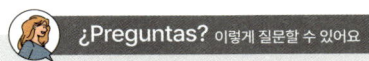 ¿Preguntas? 이렇게 질문할 수 있어요

¿Qué tipo de mascota tiene? ¿de qué raza es? 어떤 종의 애완동물이 있나요?
¿Cuántos años tiene Yepee y cómo llegó a la casa? 예삐는 몇 살이고, 어떻게 집에 오게 되었나요?
¿Cómo es la apariencia de Yepee? 예삐의 외형은 어떤가요?

Recuerdo una ocasión, cuando fuimos con mi familia a casa de mis abuelos, yo salí al patio a cortar duraznos y después me recosté un poco en el pasto, en ese momento, Yepee empezó a ladrar muy fuerte y toda mi familia salió al patio para ver qué es lo que estaba sucediendo; lo que sucedía era que justo en la copa del árbol había un panal de abejas que estaba a punto de caerse. Yepee sin duda intuyó lo que podría pasar y por eso la razón de sus ladridos.

Es mi perro fiel. Me ha demostrado su lealtad tantas veces y por eso lo amo, realmente se ha convertido en parte de mi vida.

Hasta aquí : 206 palabras

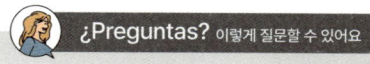

¿Preguntas? 이렇게 질문할 수 있어요

¿Qué hizo Yepee para demostrarle lealtad?
예삐가 충성심을 보여주기 위해 어떤 행동을 했나요?

Gramática 주요 구문 분석

외국어는 입에서 먼저 익숙해지면 머리로 문법 내용을 배우고 시작하는 것보다 훨씬 더 자연스러운 말하기가 가능해집니다. 말하기로 새로운 테마에 대해 먼저 학습한 후 중요하게 다루어진 문법적인 내용을 더해보세요.

1. 불완료과거 사용법
멘토링 ep.73

반려견 Yepee와 있었던 과거의 추억, 과거에 일어났던 일에 대해 말하고 있으므로 불완료과거 시제를 사용하였습니다.

— lo que **sucedía era** que justo en la copa del árbol **había** un panal de abejas que **estaba** a punto de caerse.
나무 꼭대기 바로 위에 벌집 하나가 떨어지려고 하고 있었다.

불완료과거는 아래와 같이 과거에 지속적으로 일어난 행위를 표현하는 시제입니다.
① 반복적, 습관적인 과거의 행위
② 과거의 추억
③ 과거에 진행중이던 행위
④ 과거의 나이 표현

— Yepee nació cuando yo **tenía** 6 años.
예쁘는 내가 6살 때 태어났다.

2. lo que
멘토링 ep.93

관계대명사와 비슷한 lo que는 생각이나 행동, 개념과 같은 것을 지칭할 때 사용하며 '~한 것'으로 해석합니다. 사람이나 사물을 지칭할 때는 사용하지 않으므로 주의해 주세요.

— ¿Qué es **lo que** estaba sucediendo?
일어나고 있었던 것은 무엇인가요?

— **Lo que** sucedía era que justo en la copa del árbol había un panal de abejas que estaba a punto de caerse.
나무 꼭대기 바로 위에 벌집 하나가 떨어지려고 하고 있었다.

— Yepee sin duda intuyó **lo que** podría pasar.
예쁘는 분명히 어떤 일이 일어날지 직감했다.

— **Lo que** necesitábamos era un café negro con hielo.
우리가 필요했던건 아이스아메리카노였어.

3. 조건(가능)법
멘토링 ep.89

조건법(condicional)은 정중하게 부탁하거나 조언을 할 때, 혹은 과거/현재/미래의 일을 추측할 때 사용하며 겸손함이나 강한 원망도 표현할 수 있습니다.

① 가능성이나 추측: ~일 것이다
② 정중한 부탁이나 질문: ~해 주실 수 있겠습니까?
③ 조언: ~을 하는 것이 좋을 거야
④ 과거에서 본 미래: ~할 것이라고 했다
⑤ 현재와 미래의 추측: ~할 것이다

— ¿Me **podría** dar unas servilletas?
냅킨 몇 장 주실 수 있나요?

— Mis papás **llegarían** a las 10 de la noche.
부모님은 밤 10시쯤 도착할 거야.

— Yepee sin duda intuyó lo que **podría** pasar y por eso la razón de sus ladridos.
예쁘는 분명히 어떤 일이 일어날지 직감했다.

* 미래에 어떠한 일이 발생할 것이라고 추측했기 때문에 미래를 추측하는 poder 동사의 가능법 3인칭 단수 podría를 사용하였습니다.

4. 현재완료
멘토링 ep.62

현재완료는 [조동사 haber의 현재형+동사의 과거분사형]의 형태로 조동사는 본 행위를 도와주는 역할을 하며 직접적인 행위의 내용은 haber 동사 뒤에 오는 동사(과거분사형)으로 나타냅니다. 아래 두 문장에서 주어가 Yepee이므로 haber 동사는 3인칭 단수로 사용하였습니다.

— Me **ha demostrado** su lealtad tantas veces.
여러번 나에게 그의 충성심을 보여주었다.

— Realmente **se ha convertido** en parte de mi vida.
진짜로 내 삶의 한 부분이 되었다.

* convertirse en ~가 되다

ciento tres **103**

VERBOS PRINCIPALES 주요동사

테마의 시제에 따른 주요 동사들의 활용형을 연습합니다.
동사 활용 시 강세를 바르게 말하고 있는지 반드시 확인해 주세요!

INDICATIVO PRESENTE 직설법 현재

llamarse me llamo, te llamas, se llama, nos llamamos, os llamáis, se llaman
~라 불리다

recordar(-ue) : recuerdo, recuerdas, recuerda, recordamos, recordáis, recuerdan
기억하다

recibir : recibo, recibes, recibe, recibimos, recibís, reciben
받다

volver(-ue) : vuelvo, vuelves, vuelve, volvemos, volvéis, vuelven
돌아가다

INDICATIVO PRESENTE PERFECTO 현재완료

demostrar : he demostrado, has demostrado, ha demostrado, hemos demostrado, habéis demostrado,
보여주다   han demostrado

INDICATIVO PRETÉRITO 직설법 단순과거

salir : salí, saliste, salió, salimos, salisteis, salieron
나가다

recostarse : me recosté, te recostaste, se recostó, nos recostamos, os recostasteis, se recostaron
몸을 기대다

intuir : intuí, intuiste, intuyó, intuimos, intuisteis, intuyeron
추측하다

PRETÉRITO IMPERFECTO 불완료과거

suceder : sucedía, sucedías, sucedía, sucedíamos, sucedíais, sucedían
일어나다, 발생하다

haber : había, habías, había, habíamos, habíais, habían
있다, 존재하다

CONDICIONAL 조건법

poder : podría, podrías, podría, podríamos, podríais, podrían
~할 수 있다

Práctica 말하기 연습

무조건 많은 단어를 암기하는 것보다 지금까지 학습한 어휘를 사용하여 더 많이, 더 다양한 문장을 만들어보는 것이 스페인어 스피킹 실력 향상에 도움이 됩니다. 아래의 문장 패턴을 활용하여 최대한 다양하게 표현하는 연습을 해보세요.

원어민 음성

1

Yepee 예삐는 **+**
- fue un regalo de mi padre 우리 아빠의 선물이었다
- fue un regalo de mi madre 우리 엄마의 선물이었다
- fue un perrito de mi amiga 내 친구의 강아지였다
- vino de mi compañero de trabajo 내 회사 동료에게서 왔다

2

Ya tiene 5 años 벌써 5년이다 **+**
- que vive en nuestra casa 우리 집에서 산 지
- que no visito a mi amigo 내 친구를 못 본 지
- que no riego mis plantas 식물들에게 물을 못 준 지
- que trabajo aquí 여기에서 근무한 지

* visitar 방문하다
visitar+지역 (장소)를 방문하다
visitar a+사람 (누군가)를 방문하다, 보러 가다

3

Salió al patio para ver 그(그녀)는 ~을 보기위해 정원으로 나갔다 **+**
- qué es lo que estaba sucediendo 무슨 일이 일어나고 있었던 것인지
- el arco iris muy grande 매우 큰 무지개를
- quién está cantando tan alto 누가 이렇게 크게 노래를 부르고 있는지를
- qué le había pasado a su perrito porque él estaba llorando 강아지가 울고 있어서 무슨 일이 일어났는지를

* 과거완료 [haber동사의 불완료과거형+과거분사형]
'이미 ~했었다'라고 해석하며 과거의 시점에서 이미 이루어진 사건을 표현합니다.

UNIDAD. 14

B1 ¡Bienvenidos a mi casa!

우리 집에 온 걸 환영해!

Antes de empezar 준비

Comprensión del tema 테마 이해하기

스페인어로 하나의 긴 스토리를 이야기하려면, 우선 한국어로 그 스토리를 충분히 이해하고 있어야 합니다. 아래 한국어 해석을 먼저 한 번 읽어보고 실비아 선생님의 스페인어 음성을 반복해서 들어보세요.

실비아 음성

🎧 ☐ ☐ ☐   청취 후 체크박스에 체크해 주세요. 반복 청취를 할수록 강세와 발음을 정확하게 습득할 수 있고 속도가 빠른 음성도 자주 접하면 익숙해집니다.

<u>una casa de dos plantas</u>
나는 2층짜리 집에 살고 있어. 우리 집은 매우 큰 중정이 있어. <u>en la primera planta</u> 1층에는 주방, 거실, 화장실이 있어.

2층에는 방 4개와 화장실 하나가 더 있어.

<u>la puerta principal</u>
우리 집 정문으로 들어오면 바로 복도가 있어. 왼쪽에 있는 첫 번째 문으로 거실에 들어갈 수 있어.

<u>en el lado derecho</u>
이 문 바로 앞, 복도 오른쪽에 2층으로 올라갈 수 있는 계단이 있어. 계단을 지나 복도를 따라가면

오른쪽에 화장실로 갈 수 있는 다른 문이 있어. 화장실 문 정면, 복도 왼쪽에는 외투와 신발들을 놓을
<u>al final de</u>
수 있는 옷장이 있어. 복도 끝에는 주방으로 가는 문이 있어.

<u>en una parte</u>   <u>en la otra parte</u>
우리 집 주방은 매우 크고 식사 공간으로도 사용해. 주방 한 편에는 가전제품들이 있고 다른 편에는
<u>en esta parte</u>
식사를 하는 테이블이 있어. 이쪽 편 주방에는 우리 집 뒷마당으로 갈 수 있는 큰 창문이 있어.

주방에는 냉장고, 냉동고, 세탁기, 식기세척기, 오븐, 인덕션, 싱크대와 많은 수납장이 있어.

테이블과 의자들도 있지.

                    a la derecha de   *enfrente de*
냉장고는 오븐 오른쪽에 있어. 식기세척기와 세탁기는 냉장고와 오븐 정면에 있어.
               a la izquierda de   *rodeado de*
세탁기는 식기세척기 왼쪽에 있어. 전자레인지는 오븐과 식기세척기 사이 수납장에 둘러싸여 있어.

싱크대는 전자레인지 왼쪽에 있어. 벽에는 여러 개의 그림들이 걸려있어.

우리 집 거실도 큰 편이야. 왼쪽에 있는 문을 따라가면 특별한 날 식사 때 사용하는 테이블이 하나 있어.
        detrás de
테이블 뒤쪽 벽면에는 벽난로가 있고 왼편에는 커다란 창문이 있는데 이 창문을 통해서 우리 집

정원으로 나갈 수 있고 처마로 연결되어 있어.
       en la parte derecha   *al lado de*
거실 오른편에는 100권 정도의 책이 있는 큰 책장이 있어. 책장 옆에는 TV가 있고 TV 왼쪽에는

더 많은 책장들과 사이드 테이블이 있어. 사이드 테이블 왼쪽에는 소파가, 소파 옆에는 엄청 편한
                encima del sofá
흔들의자가 있어. 소파 위, TV 옆에도 창문이 있어서 우리 집 거실은 매우 밝아.

 ¡Expresiones! 이렇게 표현할 수 있어요

집과 관련된 표현
el dormitorio 침실 el comedor 식당 el estudio 서재 las escaleras 계단 el tejado 지붕 el garaje 차고
el balcón 발코니 la terraza 옥상

가전제품 표현하기
el frigorífico 냉장고 la tostadora 토스트기 la aspiradora 청소기 la plancha 다리미 el ventilador 선풍기
el aire acondicionado 에어컨 la vitrocerámica 인덕션 el microondas 전자레인지 el secador 드라이기
el cafetera 커피 머신

14 ¡Bienvenidos a mi casa! B1

Escuchar y leer 원어 본문 듣고 읽기

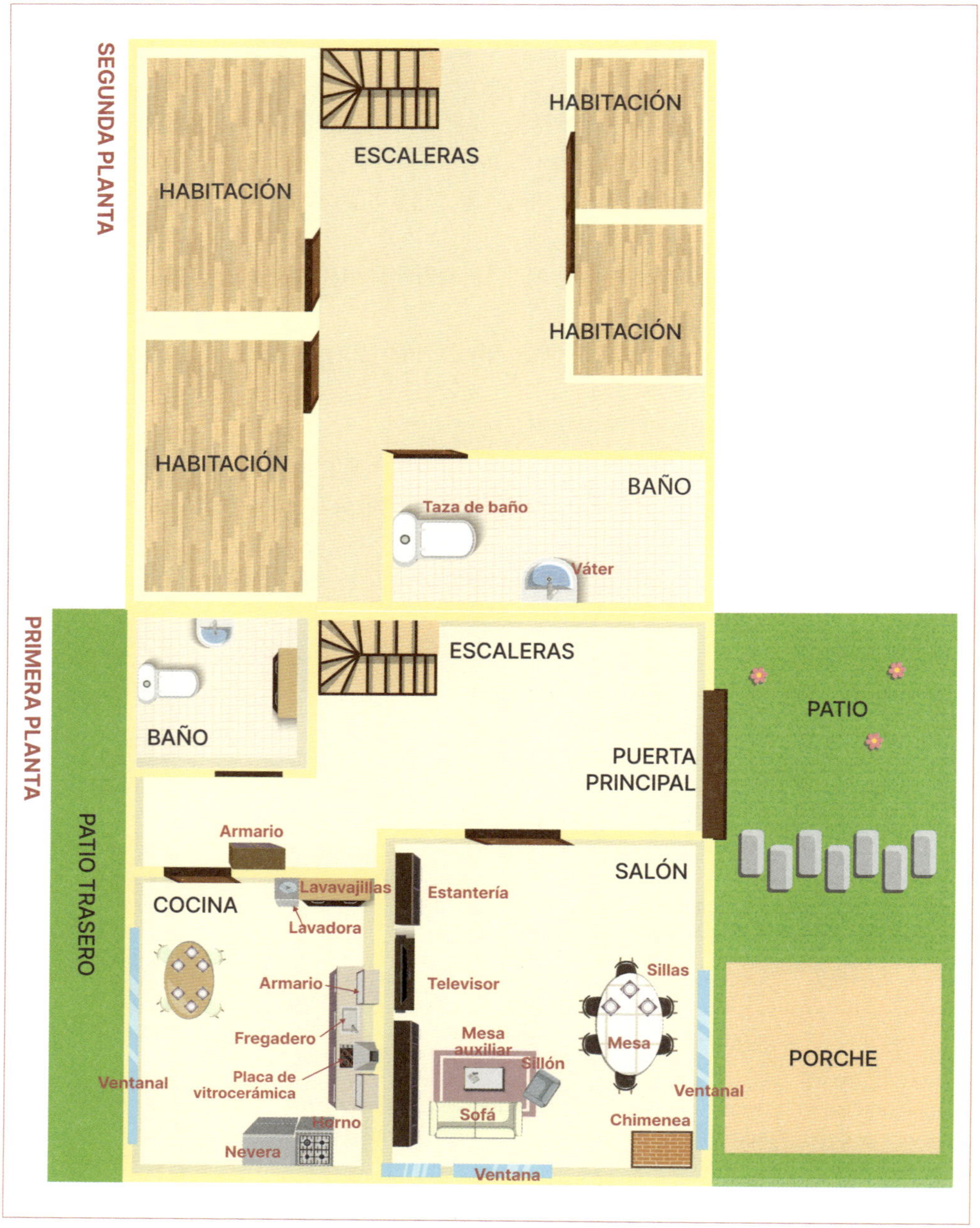

Yo vivo en una casa de *dos plantas*. **M**i casa tiene un patio muy grande. **E**n la *primera planta* están la cocina, el salón y un baño. **E**n la *segunda planta* hay cuatro habitaciones y otro baño.

Nada más entras por la puerta principal de mi casa hay un pasillo. **L**a primera puerta a la izquierda da acceso al salón. **J**usto enfrente de esa puerta, en el lado derecho del pasillo, están las escaleras para subir a la segunda planta. **S**i sigues avanzando por el pasillo, en el lado derecho, pasadas las escaleras, hay otra puerta que conduce al baño. **E**nfrente de la puerta del baño, en el lado izquierdo del pasillo, hay un armario para dejar los abrigos y los zapatos. **A**l final del pasillo está la puerta que da acceso a la cocina.

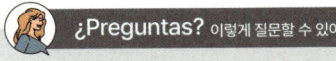 **¿Preguntas?** 이렇게 질문할 수 있어요

Cómo es tu casa? 집이 어떤지 소개해주세요.
¿Qué hay al entrar por la puerta principal? 정문으로 들어서면 무엇이 있나요?

La cocina de mi casa es muy grande, y también se usa como comedor. En una parte de la cocina están los electrodomésticos y en la otra parte la mesa del comedor. En esta parte de la cocina hay un ventanal gigante que te permite acceder a la parte trasera del patio de nuestra casa.

En la cocina hay una nevera, un congelador, una lavadora, un lavavajillas, un horno, una placa de vitrocerámica, un fregadero y muchos armarios(muchas alacenas). También hay una mesa y varias sillas.

La nevera está a la derecha del horno. El lavavajillas y la lavadora están enfrente de la nevera y el horno. La lavadora está a la izquierda del lavavajillas. La placa vitrocerámica está entre el horno y el lavavajillas, rodeada de armarios(alacenas). El fregadero está a la izquierda de la placa de vitrocerámica. En la pared hay varios cuadros colgados.

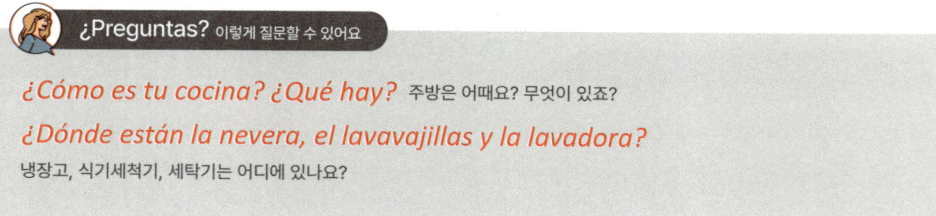

¿Preguntas? 이렇게 질문할 수 있어요

¿Cómo es tu cocina? ¿Qué hay? 주방은 어때요? 무엇이 있죠?
¿Dónde están la nevera, el lavavajillas y la lavadora?
냉장고, 식기세척기, 세탁기는 어디에 있나요?

El salón de mi casa también es bastante grande. Según entras por la puerta a la izquierda hay una mesa que se usa para comer en ocasiones especiales. Detrás de la mesa, en la pared, hay una chimenea. A la izquierda de la mesa hay un ventanal enorme, a través de ese ventanal se puede salir al patio de mi casa, comunica con el porche.

En la parte derecha del salón hay una estantería gigante con cientos de libros. Al lado de la estantería está el televisor. A la izquierda del televisor hay más estanterías y una mesa auxiliar(mesilla). A la izquierda de la mesa auxiliar está el sofá y al lado del sofá un sillón muy cómodo. Encima (arriba) del sofá hay una ventana y al lado del televisor hay otra, por eso mi salón es muy luminoso.

Hasta aquí : 426 palabras

¿Preguntas? 이렇게 질문할 수 있어요

¿Cómo se puede salir al patio de tu casa? 집에서 정원으로 어떻게 나갈 수 있나요?
¿Cómo es tu salón? ¿Está luminoso? 거실은 어떤가요? 밝나요?

Gramática 주요 구문 분석

외국어는 입에서 먼저 익숙해지면 머리로 문법 내용을 배우고 시작하는 것보다 훨씬 더 자연스러운 말하기가 가능해집니다. 말하기로 새로운 테마에 대해 먼저 학습한 후 중요하게 다루어진 문법적인 내용을 더해보세요.

1. hay와 estar 〔멘토링 ep.101〕

hay는 사람 혹은 사물이 '있다', '존재하다'라는 의미로 특정한 인칭 없이 사용하는 무인칭 동사이며 3인칭 단수만 사용합니다. estar 동사는 특정한 인물이나 사물의 위치를 나타내며 '(특정한 위치에)있다'라는 의미입니다.

— En la primera planta **están** la cocina, el salón y un baño. En la segunda planta **hay** cuatro habitaciones y otro baño.
  1층에는 주방, 거실, 화장실이 있다. 2층에는 4개의 방과 다른 화장실이 있다.

  * 주방, 거실, 욕실이 1층에 위치하고 있으며 2층에 4개의 방과 욕실이 존재하고 있음을 나타내는 문장입니다.

— En la entrada **hay** mucha gente, por eso mi amigo y yo **estamos** aquí dentro.
  입구 쪽에는 사람이 매우 많아서 나와 내 친구는 여기 안 쪽에 있어.

VERBOS PRINCIPALES 주요동사

테마의 시제에 따른 주요 동사들의 활용형을 연습합니다. 동사 활용 시 강세를 바르게 말하고 있는지 반드시 확인해주세요!

INDICATIVO PRESENTE 직설법 현재

haber : he, has, ha(hay), hemos, habéis, han
있다, 존재하다

dar : doy, das, da, damos, dais, dan
주다

subir : subo, subes, sube, subimos, subís,
올라가다   suben

dejar : dejo, dejas, deja, dejamos, dejáis,
놓다, 놓아두다   dejan

seguir(-go) : sigo, sigues, sigue, seguimos,
계속하다   seguís, siguen

usar(se) : uso, usas, usa, usamos, usáis, usan
사용하다(사용되다)

permitir : permito, permites, permite,
허락하다   permitimos, permitís, permiten

2. 위치 표현 II

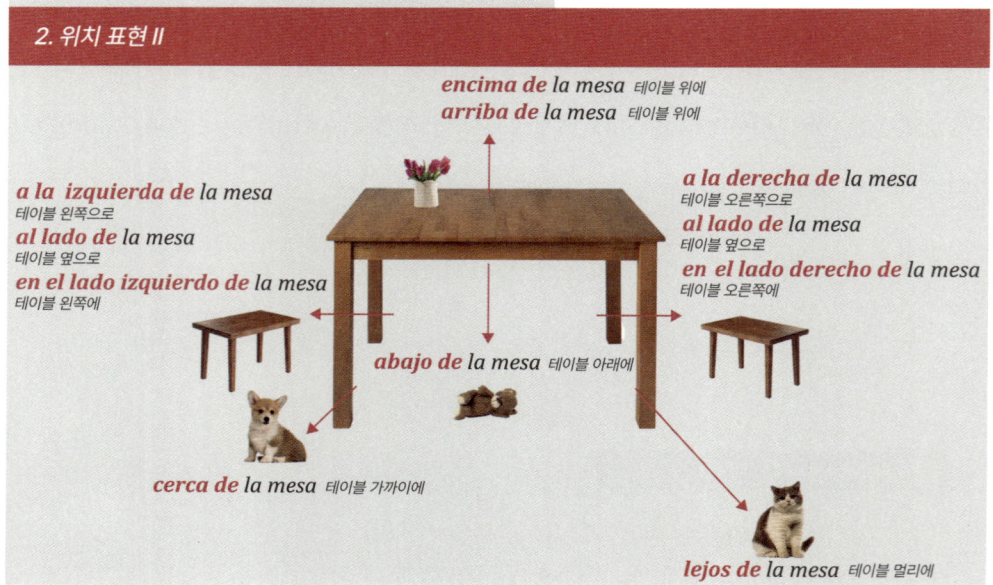

encima de la mesa 테이블 위에
arriba de la mesa 테이블 위에
a la izquierda de la mesa 테이블 왼쪽으로
al lado de la mesa 테이블 옆으로
en el lado izquierdo de la mesa 테이블 왼쪽에
a la derecha de la mesa 테이블 오른쪽으로
al lado de la mesa 테이블 옆으로
en el lado derecho de la mesa 테이블 오른쪽에
abajo de la mesa 테이블 아래에
cerca de la mesa 테이블 가까이에
lejos de la mesa 테이블 멀리에

Práctica 말하기 연습

무조건 많은 단어를 암기하는 것보다 지금까지 학습한 어휘를 사용하여 더 많이, 더 다양한 문장을 만들어보는 것이 스페인어 스피킹 실력 향상에 도움이 됩니다. 아래의 문장 패턴을 활용하여 최대한 다양하게 표현하는 연습을 해보세요.

1

Nada más entras por la puerta principal de mi casa
우리 집 정문으로 들어오면 바로

+

hay un pasillo 복도가 있다
hay un cuarto para los visitantes 손님을 위한 방이 있다
hay una mesa cuadrada 사각테이블이 있다
hay un patio muy grande 큰 정원이 있다

2

El salón de mi casa
우리집 거실은

+

también es bastante grande 또한 충분히 크다
también es muy simple como mi cuarto 또한 내 방처럼 매우 심플하다
también es un poco chiquito 또한 조금 작다
también es un lugar que se usa para reunión de la familia 또한 가족 모임을 위해 사용되는 장소이다

* *usar* 쓰다, 사용하다 / *usarse* 사용되다
usar 동사가 재귀동사로 쓰일 때는 주로 se usa (3인칭 단수)로 사용합니다.

3

En la parte derecha del salón
거실 오른편에는

+

hay una estantería gigante con cientos de libros 백여권의 책이 있는 큰 책장이 있다.
hay una mesa con un MacBook 맥북과 테이블이 있다
hay una silla muy grande con una almohada 쿠션과 함께 매우 큰 의자가 있다
hay un estante con varios muñecos 다양한 인형들과 함께 선반이 있다

ciento quince 115

UNIDAD. 15

B1 ¿Qué hago durante mis vacaciones?

나는 휴가동안 무엇을 할까요?

Antes de empezar 준비

Comprensión del tema 테마 이해하기

스페인어로 하나의 긴 스토리를 이야기하려면, 우선 한국어로 그 스토리를 충분히 이해하고 있어야 합니다. 아래 한국어 해석을 먼저 한 번 읽어보고 실비아 선생님의 스페인어 음성을 반복해서 들어보세요.

실비아 음성

🎧 ☐ ☐ ☐ 청취 후 체크박스에 체크해 주세요. 반복 청취를 할수록 강세와 발음을 정확하게 습득할 수 있고 속도가 빠른 음성도 자주 접하면 익숙해집니다.

지금은 휴가를 떠나야 할 때야!

나는 잊지 못할 휴가를 보내기 위해 몇 가지의 생각들을 적어 봤어. *(las vacaciones inolvidables / he anotado)*

많은 사람들이 다른 나라로 여행을 가거나, 친구들과 함께 바다를 가고 싶어해. 어떤 사람들은 *(ir al mar)*

하이킹을 하고 운동 연습하는것 등을 선호하기도 하지만 나는 아니야. 왜인지 알아? 나는 하루의 많 *(hacer senderismo)*

은 시간을 동료들과 함께 일을 하기 때문에 일과 관련된 스트레스로부터 벗어나고 싶어.

게다가 이미 다른 사람들처럼 여행을 하거나, 하이킹을 하거나, 바다에서 수영을 하는 휴가를 다녀왔지.

근데 그런 휴가들이 나는 편하지 않았어. 말하자면 (차라리) 엄청 피곤했다는 거지. *(mejor dicho)*

내가 갖고 있는 이런 기억들 때문에 다가오는 이번 휴가 때는 여가 시간을 충분히 누릴 거야. *(el tiempo libre)*

즉, 여태껏 할 수 없었던 것들을 하면서 내 여가 시간을 최대한 즐길 거라는 거야. *(es decir)*

좋아. 잊지못할 휴가를 위해 내가 생각해둔 것들을 얘기해 줄게. 어때?

집에 있는 것이 유익하고, 편안하고 재미있을 수 있도록 나는 친구들과 화상으로 만나고, *(manera virtual)*

그동안 못 읽었던 책을 읽고, 다른 게이머들과 컴퓨터 게임 (온라인 게임)을 할 생각이고, 마지막으로 *(por último)*

시리즈나 영화, 연속극, 예능 등 많은 것들을 제공하는 다양한 플랫폼들 (넷플릭스, 구글플레이,

디즈니 그리고 유튜브 등등)에서 정주행을 할 계획이야.

아! 내가 꼭 해야 하는 걸 말하는 걸 까먹었네: 종이, 서류, 영수증, 폐기물을 정리하고, 사용하지 않는

물건을 버리고, 내 옷장을 정리하는 일을 하는 것 말이야.

내 말 대로 이런 휴가를 가질 수 있다면 그것이 내가 가졌던 휴가 중 최고의 휴가가 될 거야. *(vida laboral)*

나는 업무가 일상인 생활에서 나를 쉬게 할 시간이 필요한 것 같아.

15 ¿Qué hago durante mis vacaciones?

Escuchar y leer 원어 본문 듣고 읽기

Es momento de tomar unas merecidas vacaciones.

He anotado algunas ideas para pasar las vacaciones inolvidables.

A mucha gente, le daría ganas de viajar a otros países o ir al mar con los amigos, algunos otros prefieren hacer senderismo, practicar deportes etc...

Pero yo, no. ¿**S**abes por qué? **C**omo yo trabajo siempre horas y horas con muchos compañeros, quiero desconectarme del estrés relacionado con el trabajo.

Además, ya he tenido las vacaciones como las otras personas, he viajado, he hecho senderismo y he nadado en el mar.

Pero en ese tipo de vacaciones no me he sentido cómoda. **O** mejor dicho, fueron unas vacaciones muy cansadas.

Por esos recuerdos que tengo, en estas vacaciones que llegan, voy a aprovechar el tiempo libre. **E**s decir, voy a aprovechar mi tiempo libre al máximo, haciendo las cosas que nunca he podido hacer.

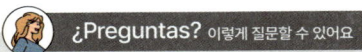 ¿Preguntas? 이렇게 질문할 수 있어요

¿Qué le gustaría hacer en sus vacaciones? 사람들은 휴가에 무엇을 하고싶어 하나요?
¿Por qué la persona prefiere quedarse en casa en lugar de viajar o hacer actividades al aire libre durante sus vacaciones?
화자가 휴가동안 여행을 하거나 야외활동을 하는 것보다 집에 머물기를 선호하는 이유가 무엇인가요?

Bueno, pues, te voy a contar todo lo que pienso para mis vacaciones inolvidables. ¿Vale?

Para que mi estancia en casa sea práctica, cómoda y divertida, pienso encontrarme con mis amigos de manera virtual, leer el libro que desde hace tiempo llevo postergando, jugar en línea con distintos competidores y por último quiero organizar un maratón de películas que existen en distintas plataformas (como Netflix, Google Play, Disney y YouTube etc...) que ofrecen una gran cantidad de series, películas, telenovelas, programas, etc...

¡Ah! Me he olvidado de hablar lo que debo hacer: organizar papeles, documentos, recibos, barrer, tirar cosas que no utilizo y aprovechar para depurar mi clóset.

Si pudiera tener estas vacaciones como te he contado serían las mejores vacaciones que jamás haya tenido. Creo que necesito tiempo para relajarme en mi vida laboral.

Hasta aquí : 278 palabras

¿Preguntas? 이렇게 질문할 수 있어요

¿Qué plataformas menciona para organizar un maratón de películas durante sus vacaciones?
휴가동안 영화들을 정주행 하기위해 어떤 플랫폼을 언급하였나요?

¿Qué es lo que debe hacer? 반드시 해야하는 건 무엇인가요?

Gramática 주요 구문 분석

외국어는 입에서 먼저 익숙해지면 머리로 문법 내용을 배우고 시작하는 것보다 훨씬 더 자연스러운 말하기가 가능해집니다. 말하기로 새로운 테마에 대해 먼저 학습한 후 중요하게 다루어진 문법적인 내용을 더해보세요.

1. 접속법 과거 멘토링 ep.114

직설법 단순과거의 3인칭 복수형에서 마지막 음절인 -ron을 빼고 -ra 혹은 -se를 붙입니다. 스페인어에서 se가 다양하게 쓰이기 때문에 접속법 과거형에서는 주로 -ra형을 많이 사용합니다.

* Si+접속법 과거, 조건(가능법)/접속법 과거 ~라면 ~할텐데

— *Si pudiera* tener estas vacaciones que te he contado, *serían* las mejores vacaciones que nunca he tenido.
  너에게 말한 이런 휴가를 보낼 수 있었다면 지금까지는 없었던 가장 좋은 휴가가 되었을거야.

— Silvia me dijo que *visitara* su casa cuando *terminara* el trabajo.
  실비아가 일이 끝나면 그녀의 집에 들리라고 나에게 말했어.

2. 조건(가능)법 불규칙동사 멘토링 ep.89~91

조건법의 활용은 -ar, -er, -ir 동사 모두 동일하며 모든 변형에 아쎈또가 붙습니다.
조건법 불규칙형만 주의하여 활용해주세요.

tener	→	tendría	saber	→	sabría
poner	→	pondría	querer	→	querría
valer	→	valdría	poder	→	podría
venir	→	vendría	caber	→	cabría
salir	→	saldría	hacer	→	haría
haber	→	habría	decir	→	diría

— A mucha gente, le *daría* ganas de viajar a otros países.
  많은 사람들은 다른 나라들을 여행하고싶을거야.

— Si pudiera tener estas vacaciones que te he contado, *serían* las mejores vacaciones que nunca he tenido.
  너에게 말한 이런 휴가를 보낼 수 있었다면 지금까지는 없었던 가장 좋은 휴가가 되었을거야.
  미래에 어떻게 될 것이라는 가능성이나 추측의 문장이므로 조건(가능)법을 사용하였습니다.

3. 접속법 포인트 I 멘토링 ep.110~111

접속법은 사실적인 행위를 나타내는 직설법과 달리 화자의 주관적인 희망이나 바람, 감성, 권유, 제안, 추천 등을 표현할 때 사용합니다.

주절 동사에 따라 종속절 동사를 접속법으로 사용하는 경우, 무인칭의 접속법, 시간을 나타내는 부사와 함께 사용하는 접속법 등 자주 사용하는 접속법 포인트가 있습니다.

— *Para que* mi estancia en casa *sea* práctica, cómoda y divertida.
  집에 있는 것이 실용적이고, 편안하고, 재미있을 수 있도록

* para que+접속법 ~하기위해

— Vamos a terminar el trabajo *hasta que* el jefe vuelva a la oficina.
  사장님이 사무실에 돌아오시기 전까지 우리 업무를 끝내놓자.

4. 현재완료+시간부사 멘토링 ep.62

① 현재완료+alguna vez: ~해 본적
② 현재완료+ya: 이미, 벌써
③ Todavía+현재완료: 아직
④ Nunca+현재완료: 한 번도 ~않다
⑤ 현재완료+반복 횟수

— (anotar) *He anotado* algunas ideas para pasar las vacaciones inolvidables.
  잊을 수 없는 휴가를 보내기위해 몇가지 아이디어들을 적어놨다.

— (tener) Ya *he tenido* las vacaciones como otras personas.
  다른 사람들과 같은 휴가를 나는 이미 보냈다.

— (sentirse) Pero en ese tipo de vacaciones no *me he sentido* cómoda.
  그러나 이런 류의 휴가는 나를 편안하게 하지 않았다.

— (olvidarse) *Me he olvidado* de hablar lo que debo hacer.
  나는 꼭 해야하는 것을 말 하는 걸 잊어버렸다.

VERBOS PRINCIPALES 주요동사

테마의 시제에 따른 주요 동사들의 활용형을 연습합니다. 동사 활용 시 강세를 바르게 말하고 있는지 반드시 확인해 주세요!

INDICATIVO PRESENTE 직설법 현재

pasar : paso, pasas, pasa, pasamos, pasáis, pasan
(시간을)보내다

preferir(-ie) : prefiero, prefieres, prefiere, preferimos, preferís, prefieren
선호하다

desconectarse : me desconecto, te desconectas, se desconecta, nos desconectamos,
(연락을)끊다 　　　　　os desconectáis, se desconectan

aprovechar : aprovecho, aprovechas, aprovecha, aprovechamos, aprovecháis, aprovechan
유익하게 사용하다

encontrarse (con) : me encuentro, te encuentras, se encuentra, nos encontramos,
~와 만나다 　　　　　os encontráis, se encuentran

postergar : postergo, postergas, posterga, postergamos, postergáis, postergan
뒤로 미루다

deber : debo, debes, debe, debemos, debéis, deben
~해야 한다

INDICATIVO PRESENTE PERFECTO 현재완료

anotar : he anotado, has anotado, ha anotado, hemos anotado, habéis anotado, han anotado
기록하다

tener : he tenido, has tenido, ha tenido, hemos tenido, habéis tenido, han tenido
가지고 있다

sentirse : me he sentido, te has sentido, se ha sentido, nos hemos sentido,
~라고 느끼다　　 os habéis sentido, se han sentido

olvidarse : me he olvidado, te has olvidado, se ha olvidado, nos hemos olvidado,
잊어버리다　　 os habéis olvidado, se han olvidado

Práctica 말하기 연습

무조건 많은 단어를 암기하는 것보다 지금까지 학습한 어휘를 사용하여 더 많이, 더 다양한 문장을 만들어보는 것이 스페인어 스피킹 실력 향상에 도움이 됩니다. 아래의 문장 패턴을 활용하여 최대한 다양하게 표현하는 연습을 해보세요.

원어민 음성

1

He anotado algunas ideas
나는 몇개의 생각들을 기록해 놨어

+

para pasar las vacaciones inolvidables
잊지 못할 휴가를 보내기 위해서

para tener el mejor tiempo de descanso
최고의 휴식시간을 갖기 위해서

para ahorrar dinero cuando viajo a otros países
다른 나라를 여행할 때 돈을 아끼기 위해서

para presentar bien en una conferencia
컨퍼런스에서 발표를 잘 하기 위해서

2

Voy a aprovechar
나는 잘 사용할 거야

+

mi tiempo libre al máximo 여가 시간을 최대한으로.

para leer todos estos libros 이 책을 다 읽기 위해서

mi tiempo para estudiar 나의 시간을 공부하기 위해서

mi tiempo libre para mantenerme en forma
여가시간을 몸매 유지를 하는 데

* *mantenerse en forma* 체력/몸매 유지를 하다

3

Si pudiera tener estas vacaciones
이런 휴가를 가질 수 있었더라면

+

serían las mejores vacaciones
더 좋은 휴가가 되었을 텐데

aprovecharía mi tiempo al máximo
나의 시간을 최대한으로 즐겼을 텐데

sería lo mejor para desestresarme
스트레스를 해소하기에 가장 좋은 방법이 되었을 텐데

podría descansar mucho y relajarme
많이 쉬고 릴렉스할 수 있었을 텐데

* *Si*+(주어)+접속법 과거, (주어)+조건법/접속법 과거
~했더라면 ~일텐데
현재 사실에 반대되는 가정을 할 때 사용!

PRÁCTICA ORAL

평소에 필기체를 눈에 익혀두면 언젠가 스페인어 필기체로 쓰여진 현지 간판, 현지인이 쓴 메모 그리고 DELE 시험을 볼 때 등 실전 스페인어 활용에 큰 도움이 됩니다. 이번 테마를 정리하며 끊어읽기, 한국어 해석, 정자체 등 익숙한 가이드 없이 스페인어 필기체로된 원고를 읽어보고 친구에게 말하듯 자연스럽게 말하는 연습을 해보세요.

Es momento de tomar unas merecidas vacaciones.

He anotado algunas ideas para pasar las vacaciones inolvidables.

A mucha gente, le daría ganas de viajar a otros países o ir al mar con los amigos, algunos otros prefieren hacer senderismo, practicar deportes etc...

Pero, yo no.

¿Sabes por qué? Como yo trabajo siempre horas y horas con muchos compañeros, quiero desconectarme del estrés relacionado con el trabajo.

Además, ya he tenido las vacaciones como las otras personas, he viajado, he hecho senderismo y he nadado en el mar.

Pero en ese tipo de vacaciones no me he sentido cómoda. O mejor dicho, fueron unas vacaciones muy cansadas.

Por esos recuerdos que tengo, en estas vacaciones que llegan, voy a aprovechar el tiempo libre. Es decir, voy a aprovechar mi tiempo libre al máximo, haciendo las cosas que nunca he podido hacer.

Bueno, pues, te voy a contar todo lo que pienso para mis vacaciones inolvidables. Para que mi estancia en casa sea práctica, cómoda y divertida, pienso encontrarme con mis amigos de manera virtual, leer el libro que desde hace tiempo llevo postergando, jugar en línea con distintos competidores y por último quiero organizar un maratón de películas que existen en distintas plataformas (como Netflix, Google Play, Disney, y YouTube, etc...) que ofrecen una gran cantidad de series, películas, telenovelas, programas, etc...

¡Ah! Me he olvidado de hablar lo que debo hacer: organizar papeles, documentos, recibos, barrer, tirar cosas que no utilizo y aprovechar para depurar mi clóset.

Si pudiera tener estas vacaciones como te lo he contado serían las mejores vacaciones que jamás haya tenido. Creo que necesito tiempo para relajarme de mi vida laboral.

UNIDAD. 16

B1 Mi comida coreana favorita

나의 최애 한식

Antes de empezar 준비

Comprensión del tema 테마 이해하기

스페인어로 하나의 긴 스토리를 이야기하려면, 우선 한국어로 그 스토리를 충분히 이해하고 있어야 합니다. 아래 한국어 해석을 먼저 한 번 읽어보고 실비아 선생님의 스페인어 음성을 반복해서 들어보세요.

🎧 ☐ ☐ ☐   청취 후 체크박스에 체크해 주세요. 반복 청취를 할수록 강세와 발음을 정확하게 습득할 수 있고 속도가 빠른 음성도 자주 접하면 익숙해집니다.

너는 나에게 어떤 음식을 추천하니?

만약 네가 매운 음식(*la comida picante*)을 좋아하면, 해물탕이나 김치찌개를 맛보길 추천할 게. 그리고 아마 너는 양배추, 고구마, 파, 양파, 떡을 넣어서 양념장에 양념한 닭고기 요리인 닭갈비도 좋아할 거야.

만약 매운 음식을 좋아하지 않는다면(*no te gusta*) 고기, 버섯 그리고 야채들이 들어간 엠빠나다 같은 만두를 먹어보는 걸 추천해. 간장과 함께 먹으면 맛있어. 그리고 밥을 김에 싸서 야채와 고기 등으로 만든 롤인 김밥도 네가 좋아할 거야. 김밥은 김치, 소고기, 참치, 햄, 치즈, 등 다양한 종류가 있어. 또 너는 비빔밥을 맛볼 수 있는데 매운 소스는 넣지 않도록 확실하게 요청해야 해. 비빔밥은 콩, 당근, 버섯, 상추 등 많은 야채들과 고기 그리고 그 위에 날달걀 또는 달걀후라이가 밥과 함께 한 그릇에 나오는 음식 (*un bol de piedra se sirve*) 이야. 비빔밥은 굉장히 뜨거운 돌솥에 나와. 모든 재료들을(특히 계란은 돌솥에 뜨겁게 요리되기 때문에) 잘 옮겨서(섞어서) 숟가락으로 떠 먹는 것이 일반적이야.

게다가, 만약 네가 고기를 좋아하면 너는 돼지고기 구이인 삼겹살은 꼭 먹어봐야 해. 네가 직접 요리하고(굽고) 잘라서 먹어봐. 한국사람들은 주로 한국의 전통주인 소주(*la bebida alcohólica tradicional*)와 함께 먹어.

네가 한국 음식을 좋아했으면 좋겠어!

16   Mi comida coreana favorita

Escuchar y leer 원어 본문 듣고 읽기

¿Qué plato de tu gastronomía me recomiendas?

Si te gusta la comida picante, te recomiendo que pruebes el Jemultang (guiso de marisco con salsa de pimiento picante) o el Kimchichigue (guiso o sopa de kimchi, que es col coreana fermentada con salsa de pimiento chile). **T**ambién creo que te gustará el Dacalbi, que es un plato con un trozo de pollo marinado en una salsa hecha de guindilla, con rodajas de repollo, batata, cebolleta, cebolla y tteok (pasta de arroz).

Si no te gusta la comida picante, te recomiendo que pruebes el Mandu, que son empanadillas rellenas de carne, setas y verduras. ¡**C**on salsa de soja(soya) están deliciosas! **T**ambién te gustará el Kimbap, que es un rollo de arroz envuelto en alga y relleno con vegetales, carne, etc... **H**ay muchas variedades (de kimchi, de ternera, de atún, de jamón, de queso…). **T**ambién puedes probar el Bibimbap (pero asegúrate de pedir que no te echen

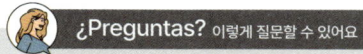

¿Qué platillo coreano me recomiendas? 어떤 한식을 추천하나요?
¿Qué plato no picante me recomiendas? 맵지 않은 요리를 추천해 줄래요?

la salsa picante), que es un plato de arroz con muchos vegetales (soja, zanahoria, setas, lechuga, etc.), carne y un huevo crudo o frito encima. Se sirve en un bol de piedra muy caliente. Lo normal es remover(mezclar) bien todos los ingredientes (sobre todo el huevo, porque se cocina en el calor del bol de piedra) y comerlo con cuchara.

Además, si te gusta la carne, tienes que probar el Samgyopsal, que es una panceta de cerdo hecha a la parrilla. Las cocinas y las cortas tú mismo. Los coreanos solemos comerla acompañada de Soju, que es la bebida alcohólica tradicional de Corea.

Bueno. ¡Espero que te guste la comida coreana!

Hasta aquí : 265 palabras

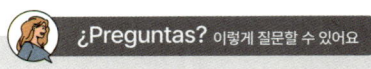 ¿Preguntas? 이렇게 질문할 수 있어요

¿Qué es el Bibimbap? 비빔밥이 무엇인가요?

¿Qué platillo con carne me recomiendas? 어떤 고기 요리를 추천하나요?

¿Con qué bebida me recomiendas comer el Samgyopsal?
삼겹살을 어떤 음료와 함께 먹는걸 추천합니까?

Gramática 주요 구문 분석

외국어는 입에서 먼저 익숙해지면 머리로 문법 내용을 배우고 시작하는 것보다 훨씬 더 자연스러운 말하기가 가능해집니다. 말하기로 새로운 테마에 대해 먼저 학습한 후 중요하게 다루어진 문법적인 내용을 더해보세요.

1. Si + 동사활용

'만약'의 의미를 나타내는 Si와 함께 동사활용을 사용하면 '~을 한다면'이라는 조건의 표현을 만들 수 있습니다.

— *Si te gusta la comida picante*
  만약 네가 매운 음식을 좋아한다면

— *Si no te gusta la comida picante*
  만약 네가 매운 음식을 안좋아한다면

— *Si te gusta la carne*
  만약 네가 고기를 좋아한다면

* [Si+접속법 과거]는 '(지금) ~라면'이라는 뜻으로 현재 사실에 반대되는 가정을 할 때 사용하며, [Si+접속법 과거완료]는 '(과거에) ~했다면'으로 과거 사실에 반대되는 가정을 할 때 사용합니다.

2. 직설법 미래 〔멘토링 ep.83〕

직설법 미래시제는 다음과 같은 경우에 사용이 됩니다.

① 미래에 일어날 사건이나 행동할 것에 대한 설명 (~할 것이다)
② 현재의 일에 대한 상상 혹은 추측 (아마 ~일 것이다)
③ 2인칭 명령형 (~해!)

— *También creo que te gustará el Dacalbi*
  그리고 역시 네가 닭갈비도 좋아할 것 같아.

— *También te gustará el Kimbap*
  그리고 역시 네가 김밥도 좋아할 것 같아.

테마 본문에 나온 두 문장은 아직 먹지 않았지만 미래에 추천한 음식을 먹었을 때 좋아할 것이라고 미래를 설명하고 있기 때문에 직설법 미래형을 사용하였습니다.

— *Silvia comerá muchas carnes, me dijo que tiene mucha hambre.*
  실비아가 고기를 엄청 먹을거야. 나한테 배고프다고 말했거든.

3. soler 동사 〔멘토링 ep.80〕

soler '자주~하다', '~하는 습관을 가지고 있다'라는 의미로 반복적인 행위를 표현하며 직설법에서는 현재형과 불완료과거형만 사용합니다. [soler+inf.]의 형태로 사용할 때는 '~하곤 하다'라는 의미가 됩니다.

— *Los coreanos solemos comerla acompañada de Soju.*
  한국사람들은 주로 소주와 함께 먹는다.

— *Laura suele llegar tarde.*
  라우라는 자주 늦게 와.

4. 접속법 포인트 II 〔멘토링 ep.110〕

주절 동사의 표현이 바램, 명령, 권고, 금지, 허락, 의심 등의 의미를 가졌을 때 que 이하의 종속절의 동사를 접속법으로 사용합니다.

자주 사용하는 접속법 구문

esperar(desear, querer) que ~하기를 바라다
permitir/prohibir que ~하기를 허락/금지하다
ordenar(mandar) que ~하기를 명령하다
no creer(pensar, opinar) que ~라고 생각하지 않다
aconsejar que ~하기를 조언하다
alegrarse de que ~여서 기쁘다
recomendar que ~하기를 추천하다
estar orgullos@ de que ~하는 것이 자랑스럽다
dudar que ~를 의심하다
tener miedo que ~하는 것을 무서워하다

— *Te recomiendo que pruebes el Jemultang o el Kimchichigue.*
  네가 해물탕과 김치찌개를 맛보기를 추천해.

— *Te recomiendo que pruebes el Mandu, que son empanadillas rellenas de carne, setas y verduras.*
  고기, 버섯, 야채들이 들어간 엠빠나다같은 만두를 먹어보기를 추천해.

ciento veintinueve

VERBOS PRINCIPALES 주요동사

테마의 시제에 따른 주요 동사들의 활용형을 연습합니다. 동사 활용 시 강세를 바르게 말하고 있는지 반드시 확인해 주세요!

INDICATIVO PRESENTE 직설법 현재

recomendar(-ie) : recomiendo, recomiendas, recomienda, recomendamos, recomendáis, recomiendan
추천하다

servir(-i) : sirvo, sirves, sirve, servimos, servís, sirven
식사를 내오다

remover(-ue) : remuevo, remueves, remueve, removemos, removéis, remueven
옮기다, 이동하다, 휘젓다

cocinar : cocino, cocinas, cocina, cocinamos, cocináis, cocinan
요리하다

cortar : corto, cortas, corta, cortamos, cortáis, cortan
자르다

INDICATIVO FUTURO 직설법 미래

gustar : gustaré, gustarás, gustará, gustaremos, gustaréis, gustarán
즐거움을 주다

SUBJUNTIVO PRESENTE 접속법 현재

probar(-ue) : pruebe, pruebes, pruebe, probemos, probéis, prueben
테스트하다, 맛보다

IMPERATIVO NEGATIVO 부정명령

echar : no eches, no eche, no echemos, no echéis, no echen
넣다, 부어 넣다

Práctica 말하기 연습

무조건 많은 단어를 암기하는 것보다 지금까지 학습한 어휘를 사용하여 더 많이, 더 다양한 문장을 만들어보는 것이 스페인어 스피킹 실력 향상에 도움이 됩니다. 아래의 문장 패턴을 활용하여 최대한 다양하게 표현하는 연습을 해보세요.

원어민 음성

1

Si te gusta la comida picante
니가 매운 음식을 좋아한다면

+

te invito comida coreana muy picante
엄청 매운 한국 음식을 사줄 게

te recomiendo que vayas a un restaurante cerca de la oficina
사무실 근처에 있는 식당에 가보기를 추천할 게

te voy a cocinar Ramen con chile algún día
고추가 들어간 라면을 언제 한 번 너에게 요리해줄 게

2

Lo normal es
~하는 것이 보통이다

+

remover bien todos los ingredientes
모든 재료를 잘 제거하는 것이

calentar bien el agua antes de agregar los fideos
국수를 넣기 전에 물을 잘 데우는 것이

comer el Samgyopsal acompañado de Soju
소주와 함께 삼겹살을 먹는 것기

poner la salsa picante en el Bibimbap
비빔밥에 매운 소스를 넣는 것이

3

También puedes probar
너는 ~도 역시 맛볼 수 있어

+

el Bibimbap que es un plato de arroz con muchos vegetales
많은 야채와 밥이 한 접시에 담긴 비빔밥

los Churros más dulces que se venden en una tienda de Lotteworld
롯데월드에서 파는 것보다 더 달콤한 츄로스

el Ddeokbokki que es una comida muy dulce y picante
굉장히 달고 매운 음식인 떡볶이

el Bung-o-ppang que solo puedes encontrar en invierno
겨울에만 먹을 수 있는 붕어빵

ciento treinta y uno 131

UNIDAD. 17

B1 Tengo complejo

나는 콤플렉스가 있어

Antes de empezar 준비

Comprensión del tema 테마 이해하기

스페인어로 하나의 긴 스토리를 이야기하려면, 우선 한국어로 그 스토리를 충분히 이해하고 있어야 합니다.
아래 한국어 해석을 먼저 한 번 읽어보고 실비아 선생님의 스페인어 음성을 반복해서 들어보세요.

실비아 음성

🎧 ☐ ☐ ☐ 청취 후 체크박스에 체크해 주세요. 반복 청취를 할수록 강세와 발음을
정확하게 습득할 수 있고 속도가 빠른 음성도 자주 접하면 익숙해집니다.

비올레따의 딸 라우라는 몇일간 엄마와 함께 시간을 보내기 위해 엄마에게 아무런 연락 없이 왔다. (*unos días* / *sin avisarle*)
오랫동안 서로 못봤기 때문에 비올레따는 딸을 볼 수 있어서 너무 기쁘고 행복하다. (*hace mucho tiempo*)
라우라가 집에 왔을 때 그녀는 엄마처럼 그렇게 기뻐 보이지는 않았다. (*como su madre*)
비올레따는 둘을 위해 따뜻한 차를 준비했다. (*té caliente*)

둘은 거실에서 만사니야 꿀차를 마시면서, 수다를 떨면서 있었다.

비올레따) 딸아, 네가 여기에 있어서 나는 너무 기쁘구나.

라 우 라) 저도 정말 좋아요 엄마. 근데 아직까지 엄마에게 말하지 않은 것을 말해야 해요.

비올레따) 나를 놀라게 하지 마. 무슨 일 있니?

라 우 라) 음... 사실 제가 여기에 온 진짜 이유는 코와 눈 수술을 하고싶어서 에요. (*la verdadera razón*)

비올레따) 왜? 잠깐... 무슨 일이니? 너 숨 쉬는 게 힘들거나 호흡하는 데 무슨 문제라도 있니?

라 우 라) 아니에요 엄마. 사실... 저는 제 코와 눈이 마음에 들지 않아요. (*no estoy a gusto con*)
그래서 성형수술을 하기로 결정했어요. 오랜 시간동안 저의 큰 콤플렉스였어요.

비올레따) 콤플렉스? 무슨 말이니? 너는 정말 예뻐. 네가 나의 딸이라서 그런 게 아니야.
너의 코는 내 코처럼 평범하고 게다가 나는 너의 눈을 엄청 좋아하는걸.

라 우 라) 아니에요. 평범하지 않아요. 제 코는 지나치게 크고 제 얼굴을 안 예쁘게 해요.

(비올레따) 잠깐 진정하고 슬퍼하지마. 나는 무엇이 너의 얼굴을 못나 보이게 하는지 이해할 수가 없구나.

(라 우 라) 엄마, 안된다고 말하지 말아주세요. 이건 그렇게 심각한 수술이 아니에요. 많은 사람들이 받고 있고 아무 일도 일어나지 않아요. 수술 후유증이 몇일 있고 그런 다음에는 집으로 바로 갈 수 있어요.

(비올레따) 그렇지만 딸아, 더 신중하게 생각해보렴. 너의 얼굴은 그저 너의 얼굴이고 너의 개성의 한 부분이란다.

(라 우 라) 아무 생각없이 결정한 게 아니에요. 저는 꼭 하고싶어요. 죄송해요 엄마, 이미 수술을 하겠다는 결심을 했어요.
tengo la firme determinación

(비올레따) 이미 날짜를 받아 놨다고 말하지 말아주렴.

(라 우 라) 맞아요. 이번 주 목요일이에요...

(비올레따) 라우라, 네가 그렇게 말하니 엄마는 정말 슬프구나. 사실... 이런 것을 상상하지 못했었거든.

(라 우 라) 그냥 저의 결정을 존중해주세요 엄마.

(비올레따) 좋아. 내일 조금 더 진정이 되면 이 문제에 대해서 다시 이야기해 보자. 나는 네가 필요한 모든 것에서 너를 지지할 거란다. 하지만 조금 더 생각하게 해주렴.

(라 우 라) (울면서 말한다) 죄송해요 엄마.

(비올레따) 이리 와, 우리 예쁜 딸, 울지마! 그건 조금 놀랄 일이었어. 나는 네 엄마고, 너를 사랑한단다. 그리고 항상 너를 존중해. 그치만... 나에게는 충격이여서 너에게 말하는 거야.

(라 우 라) 미안해요 엄마.

17 Tengo complejo B1

Escuchar y leer 원어 본문 듣고 읽기

manzanilla con miel

Laura, la hija de Violeta, ha venido sin avisarle a su mamá para pasar unos días con ella. **H**ace mucho tiempo que no se veían, Violeta está muy contenta y feliz de ver a su hija.

Cuando Laura llega a casa, no se veía tan contenta como su madre.

Violeta preparó te caliente para las dos. **S**e quedaron solas en la salita, charlando y tomando manzanilla con miel.

Violeta: **H**ija mía, estoy muy feliz de que estés aquí.

Laura : **Y**o también mamá, mucho. **A**unque tengo que decirte algo que aún no te he dicho.

Violeta: **E**h, no me asustes. ¿**O**curre algo? ¿**T**e ha pasado algo?

Laura : **B**ueno, la verdadera razón por la que he venido es porque quiero operarme la nariz y los ojos.

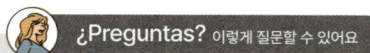 **¿Preguntas?** 이렇게 질문할 수 있어요

Describe la situación de Violeta y Laura. 비올레따와 라우라가 어떤 상황인지 묘사해주세요.

¿Por qué Laura decidió visitar a su mamá Violeta?
라우라는 왜 엄마 비올레따를 방문하기로 결심했나요?

Violeta: ¿Por qué? Pues… ¿qué te pasa? ¿Tienes molestia para respirar o tienes algún problema respiratorio?

Laura : No mamá. Es que... no estoy a gusto con mi nariz y mis ojos. Y he decidido a hacerme una cirugía plástica. Hace mucho tiempo que tengo un gran complejo.

Violeta: ¿Complejo? ¿Qué dices? Por favor, pero si tú eres muy guapa. No es por que seas mi hija. Tu nariz es normal, como la mía, normal. Y además me encantan los ojos que ya tienes.

Laura : No, no es normal, mamá. Es demasiado grande. Me afea mucho la cara.

Violeta: A ver tranquila y no te pongas triste. No puedo comprender que te afea la cara.

Laura : Mamá no me digas que no. Pero no es una operación seria. Se la hace mucha gente y no pasa nada. Son unos días de postoperatorio y luego, a casa.

Violeta: Pero, hija, por favor, piénsalo más detenidamente. Tu cara es tu cara, parte de tu personalidad.

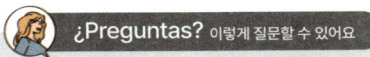 ¿Preguntas? 이렇게 질문할 수 있어요

¿Por qué Laura quiere operarse la nariz y los ojos?
라우라는 왜 코와 눈 수술을 하고싶어 하나요?

¿Qué le dice Violeta a Laura acerca de su apariencia?
비올레따가 라우라의 모습에 대해 뭐라고 말 했나요?

Laura : **N**o es un capricho. **E**stoy obsesionada por ello. **P**erdona, pero tengo la firme determinación de operarme.

Violeta : **N**o me digas que ya tienes fecha…

Laura : **S**í, es este jueves mami.

Violeta: **M**ira, estoy muy triste de escucharlo. **E**s que… no podía imaginar una cosa así.

Laura : **S**ólo te pido que respetes mi decisión mami.

Violeta : **B**ueno, mañana, más tranquila retomamos el tema. **T**ranquila, te apoyaré en todo lo que necesites, pero déjame pensarlo un poco más.

Laura : (habla llorando) **P**erdona mamá.

Violeta : ¡**V**enga, linda, no llores! **H**a sido la sorpresa. **O**ye, soy tu mamá, te quiero, y siempre te respeto mucho. **P**ero, te digo porque… es que fue un golpe para mí.

Laura : **P**erdona mamá…

Hasta aquí : 399 palabras

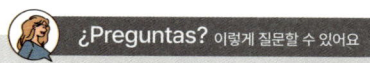 ¿**Preguntas?** 이렇게 질문할 수 있어요

¿Cómo se siente Violeta al enterarse de la decisión de Laura de operarse?
라우라의 수술 결심을 알게 된 비올레따는 어떤 심정인가요?

Gramática 주요 구문 분석

외국어는 입에서 먼저 익숙해지면 머리로 문법 내용을 배우고 시작하는 것보다 훨씬 더 자연스러운 말하기가 가능해집니다. 말하기로 새로운 테마에 대해 먼저 학습한 후 중요하게 다루어진 문법적인 내용을 더해보세요.

1. 여러가지 대명사+긍정명령법 〔멘토링 ep.120〕

① 긍정명령에서 재귀대명사가 사용될 경우에는 재귀대명사를 동사 뒤에 붙여서 씁니다.

② 긍정명령에서 목적격 대명사가 사용될 경우에는 [간접목적대명사+직접목적대명사]의 순서로 동사 뒤에 붙여서 씁니다.

③ 긍정명령에서 대명사와 합체될 때는 동사의 뒤에서 두번째 모음에 아쎈또를 찍습니다.

— *Piénsalo* más detenidamente.
  조금 더 차근히 생각해봐.

— *¡Espérame* por favor! 기다려줘!

— *Dímelo* ahorita. 지금 당장 그것을 말해줘.

2. 명령법 〔멘토링 ep.116~117〕

명령법은 항상 현재시제만 사용합니다.

① tú에대한 긍정명령형: (8가지 불규칙형 존재)
직설법 현재형 3인칭 단수 사용

tener	→	ten
venir	→	ven
poner	→	pon
salir	→	sal
decir	→	di
hacer	→	haya
ser	→	sé
ir	→	ve

② vosotr@s에대한 긍정명령형:
동사원형의 r을 d로 바꾸어 사용

③ nosotr@s에대한 긍정명령형:
접속법 현재 1인칭 복수형 사용

④ usted/ustedes에대한 긍정명령형:
접속법 현재 1인칭/3인칭 복수형 사용

3. 부정명령법 〔멘토링 ep.118〕

부정명령이란 '~하지 마'라는 의미로 모든 인칭에서 접속법 현재형을 사용하며 부정형으로 만들기 위해 동사 앞에 항상 no를 붙입니다.

— **No** me asustes.
  날 놀라게 하지 마.

— **No** te pongas triste.
  슬퍼하지 마.

— Mamá, **no** me digas que no.
  엄마, 나한테 아니라고 말하지 마세요.

— **No** me digas que ya tienes fecha...
  일정이 정해졌다고 말하지 마

— ¡Venga, linda, **no llores**!
  이리오렴, 울지 마!

4. 관계대명사 la que 〔멘토링 ep.93〕

관계대명사 la que는 관계대명사 que와 같은 역할을 하며 문장에서 선행사가 무엇인지 확실하게 하기위해 정관사를 함께 사용하는 형태입니다. la는 여성형 정관사로 선행사가 여성명사임을 나타냅니다.

— La verdadera razón por **la que** he venido es porque quiero operarme la nariz y los ojos.
  여기에 온 진짜 이유는 코와 눈 수술을 하고싶어서야.

  * 여성형 정관사 la는 선행사 la verdadera razón(진짜 이유)를 가리킵니다.

ciento treinta y nueve

VERBOS PRINCIPALES 주요동사

테마의 시제에 따른 주요 동사들의 활용형을 연습합니다. 동사 활용 시 강세를 바르게 말하고 있는지 반드시 확인해 주세요!

INDICATIVO PRESENTE 직설법 현재

ocurrir : ocurro, ocurres, ocurre, ocurrimos, ocurrís, ocurren
발생하다

afearse : me afeo, te afeas, se afea, nos afeamos, os afeáis, se afean
추해지다

ponerse(-go) : me pongo, te pones, se pone, nos ponemos, os ponéis, se ponen
몸에 걸치다, 급 ~해지다(+형용사)

INDICATIVO PRESENTE PERFECTO 현재완료

decir : he dicho, has dicho, ha dicho, hemos dicho, habéis dicho, han dicho
말하다

pasar : he pasado, has pasado, ha pasado, hemos pasado, habéis pasado, han pasado
지나가다, (시간을)보내다

venir : he venido, has venido, ha venido, hemos venido, habéis venido, han venido
오다

decidir : he decidido, has decidido, ha decidido, hemos decidido, habéis decidido, han decidido
결심하다

INDICATIVO PRETÉRITO 직설법 단순과거

preparar : preparé, preparaste, preparó, preparamos, preparasteis, prepararon
준비하다

quedar: quedé, quedaste, quedó, quedamos, quedasteis, quedaron
머물다

PRETÉRITO IMPERFECTO 직설법 불완료과거

ver : veía, veías, veía, veíamos, veíais, veían
보다

poder : podía, podías, podía, podíamos, podíais, podían
가능하다, 할 수 있다

INDICATIVO FUTURO 직설법 미래

apoyar : apoyaré, apoyarás, apoyará, apoyaremos, apoyaréis, apoyarán
기대다, 지지하다

respetar : respetaré, respetarás, respetará, respetaremos, respetaréis, respetarán
존중하다, 존경하다

SUBJUNTIVO PRESENTE 접속법 현재

respetar : respete, respetes, respete, respetemos, respetéis, respeten
존중하다, 존경하다

decir : diga, digas, diga, digamos, digáis, digan
말하다

IMPERATIVO NEGATIVO 부정명령

asustar : no asustes, no asuste, no asustemos, no asustéis, no asusten
놀라게 하다

Práctica 말하기 연습

무조건 많은 단어를 암기하는 것보다 지금까지 학습한 어휘를 사용하여 더 많이, 더 다양한 문장을 만들어보는 것이 스페인어 스피킹 실력 향상에 도움이 됩니다. 아래의 문장 패턴을 활용하여 최대한 다양하게 표현하는 연습을 해보세요.

원어민 음성

1

No estoy a gusto 나는 좋아하지 않아/불편해 **+**
- con mi nariz y mis ojos 내 코와 내 눈을
- con las decisiones de la empresa 회사의 결정이
- en esta situación incómoda 이 불편한 상황이
- con la actitud que tiene tu amig@ 너의 친구의 행동이

* *a gusto* 기쁘게, 마음 편하게

2

Hija, por favor, 딸아, ~해주렴 **+**
- piénsalo más detenidamente 더 신중하게 생각해
- piénsalo dos veces 두 번 생각해
- considéralo bien 잘 고려(생각) 해
- piénsalo un poco más 조금 더 생각 해

3

Sólo te pido 나는 그저 너에게 부탁해 **+**
- que respetes mi decisión 나의 결정을 존중해주기를
- que respetes mi opinión 나의 의견을 존중해주기를
- que escuches mi punto de vista 나의 견해를 들어주기를
- que no ignores mis palabras 내가 말하는 것을 무시하지 말기를

* *pedir que*+접속법 ~해주기를 부탁하다

3

Estoy muy 나는 너무 ~해 **+**
- triste de escucharlo 그것을 듣게되어 슬퍼
- alegre de verte 너를 봐서 기뻐
- sorprendid@ de escuchar la noticia 소식을 듣고 놀랐어
- enojad@ por la situación 상황때문에 화가 나

ciento cuarenta y uno **141**

UNIDAD. 18

B2 # Quiero dormir como un bebé

나는 아기처럼 잠 자고 싶어

Antes de empezar 준비

Comprensión del tema 테마 이해하기

스페인어로 하나의 긴 스토리를 이야기하려면, 우선 한국어로 그 스토리를 충분히 이해하고 있어야 합니다. 아래 한국어 해석을 먼저 한 번 읽어보고 실비아 선생님의 스페인어 음성을 반복해서 들어보세요.

🎧 ☐ ☐ ☐   청취 후 체크박스에 체크해 주세요. 반복 청취를 할수록 강세와 발음을 정확하게 습득할 수 있고 속도가 빠른 음성도 자주 접하면 익숙해집니다.

너희도 알듯이, 잠을 자는 시간에, 우리는 자주 "꿀 잠 자다", "밤을 하얗게 지새우다", "눈을 못붙이다"
　　　　　　　　　　en definitiva
또는 "아기처럼 자다" 정확히는 같은 뜻인 깊은 잠, 달콤한 잠과 같이 어른들이 잘 잔 것에 대한 평가

를 내리는 표현들을 자주 사용해.
　　　para mí
잘 자는 것은 나에게 정말 어려운 숙제야. 나 같은 경우에는 밤 동안 계속 살짝씩 잠에서 깨.
　　esta noche
지금 오늘 밤 왜 내가 잠을 잘 수 없었는지 너에게 설명해줄 게.

그래, 너희가 이미 나를 알듯이 난 항상 내가 가지고 있는 문제를 해결하기 위해서 노력해.

매일 밤 나는 눈을 붙일 수가 없어.
　　　　　　　　qué significa
아! 눈을 붙일 수 없다는 게 무슨 의미인지 모르니? 이 문장에서 '얻지 못했다는 것'은 '할 수 없다'는 것

과 같고, '눈을 붙이는 것'은 '잠을 자는 것'을 의미해.
así que
그래서 나는 잠을 푹 잘 수 없었고 눈을 붙일 수 없었다는 걸 말하고 싶어.
　　mejor dicho
오늘... 다시 말하면, 항상 그랬던 것처럼, 나는 눈을 붙일 수 없었어. 잠을 잘 수 없었지.
　　　　　　　　　　　　　　no se acaban
아마 내 머릿속에 걱정거리들이 너무 많고 그것들이 떠나가질 않아서 그런 것 같아.
como sabemos　　　　　　　　　*cada vez que*
우리도 알듯이, 우리가 나이를 먹거나 어른들이 되어갈 때 마다 머릿속에는 걱정들을 가지고 살아가

고, 그것들이 계속 머리에 맴돌지. 그리고 우리는 밤을 하얗게 지새우는 거야.

　　　　　　　　la verdad
그렇지만 그래, 사실은 나에게 아기처럼 자는 것은 어려워.
tal vez　　　　　　　　**hábitos inadecuados**
아마 스트레스 때문일 거야. 그래서 나의 부적절한 습관들을 바꾸려고 해.
　　　　　　　　la luz azul　　**por el internet alguna vez**
너희들도 전자기기의 블루라이트에 대해서 인터넷에서 언젠가 본 적이 있을 거야.
　　　　　　　　　　　　　　　　　　　　　　mucho más
많은 사람들이 휴대폰, 텔레비전 등과 같이 침대에 누워서 이러한 전자기기들을 훨씬 많이 사용하고

있는 것 같아. 그러면 너의 뇌가 활성화되기 때문에, 이러한 원인으로 나도 그렇고 우리는 잠을 잘 수

없는 거야.
　　　　　　　　　　　　　　　　　　　　al menos
문제들을 대처하기 위해서 인터넷에서 조사를 했어: 잠자러 가기 적어도 한 시간 전에는 어떠한

전자기기도 사용하지 않는 거야. 내가 가지고 있던 습관을 바꾸는 건 쉽지 않겠지만 과한 걱정들을
dejar de
그만하기 위한 시도를 해볼 거야.
　　　　　　　　　　　　　　　　tomar un día
오늘 나는 여러가지 문제들에 맴돌지 않기 위해서 차분한 하루를 보낼 거야.

나는 저녁 식사 때 과식을 하지 않을 거고, 잠 자기전에 메시지들에 답장을 하지도 않을 거야.
　　　　dormir a pierna suelta
나는 아기처럼 숙면을 취하고 싶어.
　　　al levantarme
내일 나는 일어나자마자 웃는 얼굴로 "오늘 밤은 푹 잤어!", "나 너무 잘 잤어!"라는 걸 보여주고 싶어.

좋아! 친구들아, 그럼 나는 꿀 잠을 자러 가볼 게. 괜찮지? 나에게 전화도 하지 말고, 내가 메세지들을
　　hasta que
읽을 때까지 날 기다리지도 말아줘. 너희들에게 만족스러운 웃음으로 내일 답장할 게.
　　　　dulces sueños
잘 자 얘들아! 굿밤!

18 Quiero dormir como un bebé

Escuchar y leer 원어 본문 듣고 읽기

Como ustedes saben, a la hora de dormir, solemos(a menudo) utilizar expresiones *como «dormir a pierna suelta», «a pasar la noche en blanco», «no pegar ojo» o «dormir como un bebé»* como sinónimo de dormir profundo, dulcemente, en definitiva, lo que los adultos calificaríamos como *dormir bien*.

Dormir bien es una tarea muy difícil para mí. **E**n mi caso sigo teniendo muchos pequeños despertares durante la noche. **A**hora te voy a explicar por qué no he podido dormir (pegar ojo) esta noche.
Bien, como ya me conocerás, siempre intento solucionar este problema que tengo. **T**odas las noches no consigo pegar ojo.

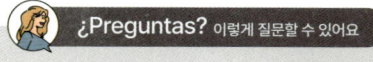

¿Hay otra expresión de "dormir"? "dormir"의 다른 표현이 있나요?

¡Ah! ¿No sabes qué significa que no consigo pegar ojo? Esta frase significa que no consigo, es igual a no puedo, y pegar ojo significa que no puedo dormir. Así que, te quiero decir que no he podido dormir bien o no he podido pegar ojo.

Hoy... mejor dicho, como siempre me ha pasado, no he pegado ojo. No he podido dormir.

Yo creo que tengo muchas preocupaciones en la cabeza y no se acaban. Como sabemos, cada vez que nos vamos haciendo mayores, o nos vamos haciendo adultos, cada uno tiene y vive con preocupaciones en la cabeza, dando vueltas en la cabeza… y pasamos la noche blanca.

Pero bueno, la verdad, a mí, me es difícil dormir como un bebé.

Tal vez, por el estrés y por eso pienso modificar mis hábitos inadecuados. Ustedes habían visto alguna vez por el internet, sobre la Luz azul de los dispositivos electrónicos. Creo que, mucha gente, cada vez usa mucho más estos dispositivos, por ejemplo, los móviles, acostado en la cama, las televisiones, etc... Y como que activa tu cerebro, por esa causa, no puedo y no podemos dormir bien.

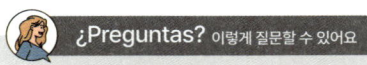
¿Preguntas? 이렇게 질문할 수 있어요

¿Qué significa "no poder pegar ojo"? "눈을 붙이지 못했다"는 어떤 의미인가요?
¿Por qué le resulta difícil dormir bien? 왜 숙면을 취하는데 어려움을 겪나요?
¿Qué hábitos inadecuados pueden afectar su capacidad para dormir bien?
수면의 질에 영향을 미치는 부적절한 습관은 무엇인가요?

He investigado por el internet y para afrontar los problemas: no usar ningún dispositivo al menos una hora antes de irme a dormir. No será fácil cambiarme de hábito que tenía, pero voy a tratar de dejar de preocuparme en exceso.

Hoy me voy a tomar un día tranquilo para no estar dándole vueltas a los problemas, voy a evitar cenas pesadas y también no estaré contestando mensajes antes de dormir.

Quiero dormir a pierna suelta, como un bebé. Mañana al levantarme quiero tener una sonrisa de oreja a oreja que muestre que: ¡Esta noche he dormido a pierna suelta! ¡He dormido muy bien!

Bueno chicos pues, me piro(me voy) a dormir a pierna suelta. ¿Vale? Por favor que no me llamen, no me esperen hasta que yo lea mensajes.

Bien. Os voy a contestar mañana con una sonrisa satisfecha. ¡Buenas noches, chicos! ¡Dulces sueños!

Hasta aquí : 435 palabras

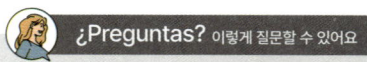

¿Preguntas? 이렇게 질문할 수 있어요

¿Cuál es la solución para dormir mejor? 숙면을 하기 위한 해결책은 무엇인가요?
¿La persona qué pide a sus amigos? 화자는 친구들에게 어떤 부탁을 했나요?

Gramática 주요 구문 분석

외국어는 입에서 먼저 익숙해지면 머리로 문법 내용을 배우고 시작하는 것보다 훨씬 더 자연스러운 말하기가 가능해집니다. 말하기로 새로운 테마에 대해 먼저 학습한 후 중요하게 다루어진 문법적인 내용을 더해보세요.

1. 여러가지 관용어구

dando vueltas 빙빙 돌다

— *Dando vueltas* en la cabeza
머리에서 빙빙 돌다

— Hoy me voy a tomar un día tranquilo para no estar *dando vueltas* a los problemas.
문제들이 머릿속에서 맴돌지 않도록 오늘은 차분한 하루를 보낼 거야.

dormir a pierna suelta 숙면을 취하다

— Quiero *dormir a pierna suelta*, como un bebé.
나는 아기처럼 잠을 푹 자고 싶어.

— ¡Esta noche he *dormido a pierna suelta*!
이번 밤 나는 푹 잤어!

— Bueno chicos pues me piro *a dormir a pierna suelta*.
오케이, 얘들아! 그럼 난 꿀잠자러 가 볼게.

2. 역구조동사 ser

ser동사를 역구조 문형으로 사용할 경우 [간접목적대명사+es(ser동사 3인칭)+형용사+동사원형]의 구조로 표현하며 '(간.목)에게 (동사)하는 것은 (형용사)하다'로 해석합니다.

— A mí, *me es difícil dormir* como un bebé.
(직역) 나에게 아기처럼 잠자는 것은 어렵다
(의역) 나는 아기처럼 잠자는 것이 힘들다

— *Me es fácil tomar* mucha agua.
(직역) 나에게 물을 많이 마시는 것은 쉽다
(의역) 나는 물을 많이 마시는 것이 쉽다

3. 접속법 포인트 III 멘토링 ep.112

시간을 나타내는 부사, 접속사와 함께 사용되는 접속법

cuando	~할 때는	
mientras	~하는 동안에는	
en tanto que		
siempre que	~할 때는 언제나	
antes (de) que	~하기 전에는	
después (de) que	~한 후에는	+ 접속법
hasta que	~할 때까지	
apenas		
en cuanto		
luego que	~하자마자	
pronto como		
así que		

— Por favor que no me llamen, no me esperen *hasta que* yo *lea* mensajes.
내가 메세지들을 읽을 때 까지 나를 부르지도 말고, 나를 기다리지도 말아줘

4. 과거분사 불규칙 멘토링 ep.63

-ar동사는 -ado, -er와 -ir동사는 -ido로 바꾸어 과거분사가 되는 규칙형 동사가 있으며, 이에 해당하지 않는 불규칙형 과거분사는 9가지가 있습니다.
과거분사 불규칙은 -to형과 -cho형 두가지로 나뉩니다.

-to로 끝나는 과거분사		-cho로 끝나는 과거분사	
romper	roto		
cubrir	cubierto	hacer	hecho
escribir	escrito		
poner	puesto		
ver	visto		
devolver	devuelto	decir	dicho
volver	vuelto		

ciento cuarenta y nueve **149**

VERBOS PRINCIPALES 주요동사

테마의 시제에 따른 주요 동사들의 활용형을 연습합니다. 동사 활용 시 강세를 바르게 말하고 있는지 반드시 확인해 주세요!

INDICATIVO PRESENTE 직설법 현재

haber : he, has, ha, hemos, habéis, han
있다, 존재하다

intentar : intento, intentas, intenta, intentamos, intentáis, intentan
시도하다

conocer(-zco) : conozco, conoces, conoce, conocemos, conocéis, conocen
알다

entender(-ie) : entiendo, entiendes, entiende, entendemos, entendéis, entienden
이해하다

significar : significo, significas, significa, significamos, significáis, significan
의미하다, 뜻하다

conseguir(-go) : consigo, consigues, consigue, conseguimos, conseguís, consiguen
얻다, 획득하다

acabar : acabo, acabas, acaba, acabamos, acabáis, acaban
끝내다, 끝나다

nacer(-zco) : nazco, naces, nace, nacemos, nacéis, nacen
태어나다

consultar : consulto, consultas, consulta, consultamos, consultáis, consultan
상담하다

evitar : evito, evitas, evita, evitamos, evitáis, evitan
피하다, 막다

INDICATIVO PRESENTE PERFECTO 현재완료

leer : he leído, has leído, ha leído, hemos leído, habéis leído, han leído
읽다

investigar : he investigado, has investigado, ha investigado, hemos investigado, habéis investigado, han investigado
조사하다

INDICATIVO FUTURO 직설법 미래

dificultar : dificultaré, dificultarás, dificultará, dificultaremos, dificultaréis, dificultarán
어렵게 하다

ser : seré, serás, será, seremos, seréis, serán
~이다

SUBJUNTIVO PRESENTE 접속법 현재

mostrar(-ue) : muestre, muestres, muestre, mostremos, mostréis, muestren
보여주다

Práctica 말하기 연습

무조건 많은 단어를 암기하는 것보다 지금까지 학습한 어휘를 사용하여 더 많이, 더 다양한 문장을 만들어보는 것이 스페인어 스피킹 실력 향상에 도움이 됩니다. 아래의 문장 패턴을 활용하여 최대한 다양하게 표현하는 연습을 해보세요.

원어민 음성

1

Pero a mí, 그러나 나에게는 **+**

- me es difícil dormir como un bebé
  아기처럼 자는 것이 어렵다
- me es difícil concentrarme por mucho tiempo
  오랫동안 집중하는 것은 어렵다
- me es fácil trabajar en equipo 팀으로 일하는 것은 쉽다
- me es complicado recordar tantas cosas
  많은 것들을 기억하는 것은 복잡하다

2

Hoy me voy a tomar un día tranquilo 오늘 나는 차분한 하루를 보낼 것이다 **+**

- para no estar dando vueltas a los problemas
  문제에 맴돌지 않기 위해서
- para descansar bien 잘 쉬기 위해
- antes de empezar un trabajo nuevo
  새로운 일을 시작하기 전에
- sin contacto con la gente 사람들과 연락없이

3

No me llamen hasta que 너희는 ~할 때까지 나를 부르지 마 **+**

- yo lea mensajes 내가 메세지를 읽을 때
- termine mis tareas 내가 숙제를 끝낼 때
- sea mi horario de trabajo 업무시간이 될 때
- yo les responda los mensajes
  내가 너희들에게 메세지 답을 할 때

4

Mañana al levantarme 내일 나는 일어나자마자 **+**

- quiero tener una sonrisa 웃음을 짓고 싶다
- sentirme muy bien 기분이 좋았으면 좋겠다
- sentirme descansad@ 쉬고 싶다
- amanecer content@ 기쁘게 아침을 맞이하고 싶다

* sentirse ~하다고 느끼다

ciento cincuenta y uno 151

UNIDAD. 19

B2 **Transporte público**
대중교통

Antes de empezar 준비

Comprensión del tema 테마 이해하기

스페인어로 하나의 긴 스토리를 이야기하려면, 우선 한국어로 그 스토리를 충분히 이해하고 있어야 합니다. 아래 한국어 해석을 먼저 한 번 읽어보고 실비아 선생님의 스페인어 음성을 반복해서 들어보세요.

실비아 음성

🎧 ☐ ☐ ☐ 청취 후 체크박스에 체크해 주세요. 반복 청취를 할수록 강세와 발음을 정확하게 습득할 수 있고 속도가 빠른 음성도 자주 접하면 익숙해집니다.

el medio de transporte
더 유용한 교통수단은 지하철이야.

voy en metro
왜냐하면 나는 매일 지하철을 타고 사무실로 가기 때문이야.

나는 지하철이 굉장히 빠르고, 편하고, 저렴해서 지하철을 이용하는 것을 좋아해.

지하철을 타면 사무실에 절대로 늦게 도착하지 않아.

plaza de aparcamiento
– 나는 자동차가 없어. 너무 비싸기도 하고 주차공간도 없어.

– 난 당연히 차가 있지. 제네시스인데, 올 해 구매를 했어. 출근을 하기위해서 매일 자차를 이용하지.

transporte público
환경오염을 줄이기위한 한 가지 방법은 많은 사람들이 대중교통을 더 많이 이용하고 자동차나 오토

바이를 이용하기 않기 위해서 더 많은 버스와 지하철 노선을 만드는 거야.

대중교통이 더 저렴하고 친환경적이거든. 지하철과 같은 어떤 대중교통 수단은 시간이 더 정확하기

도 해. 사람들이 대중교통을 이용하고 자차를 이용하지 않는다면 교통체증을 막을 수 있어.

sin embargo   *sobre todo*
그럼에도 불구하고, 너희 집 근처에 버스 정류장이 없거나 지하철 역이 없을 경우에, 특히

trayecto directo   *hacer transbordo*
직통으로 가는 게 없을 경우에는 환승을 해야 해서 너의 목적지에 도착하는 데까지 더 많은 시간이

a veces
걸려서 가끔은 불편해질 수 있는 게 사실이기도 해. 게다가 많은 사람들이 대중교통을 이용하면 앉

지도 못하고 스트레스를 받기도 하지.

19 Transporte público B2

Escuchar y leer 원어 본문 듣고 읽기

El medio de transporte más útil(que más utilizo) es el metro, porque voy a la oficina en metro todos los días.

Me gusta usar el metro porque es un transporte muy rápido, cómodo y barato. **C**on el metro nunca llego tarde a la oficina.

- **N**o tengo coche, son muy caros y no tengo plaza de aparcamiento(lugar de estacionamiento).
- **S**í que tengo coche, es un Genesis, me lo he comprado este año. **L**o uso todos los días, para ir a trabajar.

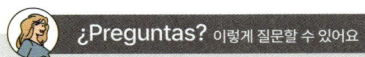 **¿Preguntas?** 이렇게 질문할 수 있어요

¿Cuál es el medio de transporte que más utilizas y por qué?
더 유용한 교통수단은 무엇인가요? 왜 그렇게 생각하나요?

¿Tienes coche? ¿Qué modelo es? ¿Lo usas mucho?
차가 있나요? 어떤 모델인가요? 자주 사용하나요?

Una medida para reducir la contaminación es que haya más autobuses y líneas de metro, para que la gente tome(coja) más el transporte público y no use casi el coche o la moto.

El transporte público es más barato y más ecológico. **A**lgunos medios de transporte público, como el metro, son más puntuales. **C**uando la gente usa el transporte público y no usa(coge) su propio coche, evita que haya atascos.

Sin embargo, también es verdad que a veces puedes ser incómodo, porque si no tienes una parada de autobús o una estación de metro cerca de casa, tardas mucho más en llegar a tu destino, sobre todo si no hay trayecto directo y tienes que hacer transbordo. **A**demás, cuando lo usa mucha gente, no puedes sentarte y recibes muchos empujones.

Hasta aquí : 213 palabras

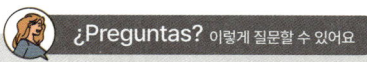

¿Cuál crees que puede ser una buena medida para reducir la contaminación producida por el tráfico?
교통으로 인한 오염을 줄이기위한 좋은 방법이란 무엇이라고 생각하나요?

¿Cuáles son los puntos positivos y los puntos negativos del transporte público?
대중교통의 장점과 단점은 무엇인가요?

Gramática 주요 구문 분석

외국어는 입에서 먼저 익숙해지면 머리로 문법 내용을 배우고 시작하는 것보다 훨씬 더 자연스러운 말하기가 가능해집니다. 말하기로 새로운 테마에 대해 먼저 학습한 후 중요하게 다루어진 문법적인 내용을 더해보세요.

1. 비교구문 II   멘토링 ep.61

비교구문에서 우등비교를 열등비교로 바꾸어 의미는 같으나 다른 표현으로 나타낼 수 있습니다.

— *El medio de transporte **más** útil es el metro.*
  더 유용한 교통수단은 지하철이다.
  = *El metro es **más** útil **que** otro transporte público.*
  지하철은 다른 대중교통보다 유용하다.
  = *El bus es **menos** útil **que** el metro.*
  버스는 지하철보다 덜 유용하다.

— *El transporte público es **más** barato y **más** ecológico.*
  대중교통은 더 저렴하고 더 친환경적이다.
  = *El transporte público es **más** barato y ecológico **que** el coche.*
  대중교통은 자동차보다 더 저렴하고 친환경적이다.
  = *El coche es **más** caro **que** el transporte público.*
  자가용은 대중교통보다 더 비싸다.

— *Algunos medios de transporte público, como el metro, son **más** puntuales.*
  지하철같은 몇몇의 대중교통 수단들은 (시간이) 더 정확하다.
  = *El metro es **más** puntual **que** otros medios de transporte.*
  지하철은 다른 교통수단보다 더 정확하다.
  = *El bus llega **más** tarde **que** el metro.*
  버스는 지하철보다 더 늦게 도착한다.

2. 여러가지 대명사+현재완료

— *Tengo coche, es un Genesis, **me lo he comprado** este año.*
  나는 제네시스 한 대를 가지고 있는데, 나는 그것을 올 해에 샀어.

여러가지 대명사와 현재완료가 함께 사용될 때, 대명사의 순서는 항상 [간접목적대명사+직접목적대명사]가 되어야 합니다.

me(간접목적대명사) + **lo**(직접목적대명사, un Genesis) + **he comprado**(haber동사 현재+과거분사)

3. 여러가지 접속사

— ***Sin embargo**, también es verdad que a veces puedes ser incómodo.*
— ***Además**, cuando lo usa mucha gente, no puedes sentarte y recibes muchos empujones.*

스페인어에는 부가, 대비, 양자택일, 원인 등 문장과 단어를 잇는 다양한 접속사가 존재합니다.

Conectores aditivos(부가)
además 게다가, también ~도 역시, 또한,
asimismo 마찬가지로, por un lado… por otro (lado) 한편으로는… 또 다른 한편으로는,
por último 끝으로

Conectores de contraste(대비)
sin embargo ~에도 불구하고, pero 그러나,
con todo 그럼에도 불구하고, en cambio 반대로,
por el contrario 반대로

Conectores disyuntivos(양자택일)
o 혹은, bien ~이나, 혹은

Conectores causales(원인)
porque 왜냐하면, ya que ~이므로

Conectores consecutivos(결과)
por lo tanto 그래서, 그러므로, por ello 그로 인해,
así que 그 결과 (=así pues), por esta razón 이러므로,
pues 그러므로

Conectores temporales(시기, 순서)
al principio 처음에는, previamente 미리, 사전에,
al mismo tiempo 동시에, finalmente 드디어, 마침내

Conectores explicativos(설명)
es decir 즉, en otras palabras 즉, 다시 말해

Conectores de referencia (참고)
a propósito de ~에 대해서, en cuanto a ~에 대해서,
respecto a ~에 관하여

VERBOS PRINCIPALES 주요동사

테마의 시제에 따른 주요 동사들의 활용형을 연습합니다. 동사 활용 시 강세를 바르게 말하고 있는지 반드시 확인해 주세요!

INDICATIVO PRESENTE 직설법 현재

utilizar : utilizo, utilizas, utiliza, utilizamos, utilizáis, utilizan
활용하다

usar : uso, usas, usa, usamos, usáis, usan
사용하다

comprar : compro, compras, compra, compramos, compráis, compran
구입하다

evitar : evito, evitas, evita, evitamos, evitáis, evitan
피하다, 막다

tardar : tardo, tardas, tarda, tardamos, tardáis, tardan
(시간이)걸리다

sentarse(-ie) : me siento, te sientas, se sienta, nos sentamos, os sentáis, se sientan
앉다

recibir : recibo, recibes, recibe, recibimos, recibís, reciben
받다

SUBJUNTIVO PRESENTE 접속법 현재

haber : haya, hayas, haya, hayamos, hayáis, hayan
있다, 존재하다

tomar : tome, tomes, tome, tomemos, toméis, tomen
잡다, 마시다, (탈 것을)타다

coger : coja, cojas, coja, cojamos, cojáis, cojan
잡다

usar : use, uses, use, usemos, uséis, usen
사용하다

Práctica 말하기 연습

무조건 많은 단어를 암기하는 것보다 지금까지 학습한 어휘를 사용하여 더 많이, 더 다양한 문장을 만들어보는 것이 스페인어 스피킹 실력 향상에 도움이 됩니다. 아래의 문장 패턴을 활용하여 최대한 다양하게 표현하는 연습을 해보세요.

원어민 음성

1

El medio de transporte
교통수단

+

más útil es el metro
더 실용적인~은 지하철이다

más caro es el taxi
더 비싼 ~은 택시이다

más cómodo es el coche
더 편안한 ~은 자가용이다

más ecológico es la bicicleta
더 친환경적인 ~은 자전거이다

2

Que haya más autobuses y líneas de metro
버스와 지하철의 노선이 더 많기를 바래

+

para que la gente tome más el transporte público
사람들이 대중교통을 더 많이 타기 위해

para que la gente no use mucho su propio coche
사람들이 자가용을 많이 사용하지 않기 위해

para que el camino al trabajo sea más cómodo
출근길이 더 쾌적하기 위해

para que no lleguen tarde
지각하기 않기 위해서

3

Además, cuando lo usa mucha gente
게다가 많은 사람들이 그것(대중교통)을 이용할 때는

+

no puedes sentarte
너는 앉을 수 없다

huele mal y es sofocante
불쾌한 냄새가 나고 숨이 막힌다

te da calor y sudas mucho
덥고 땀이 많이 난다

no hay espacio y tienes que esperar siguiente
자리가 없어서 다음을 기다려야 한다

UNIDAD. 20

B2 ## ¿Vale la pena reciclar?

재활용을 할 가치가 있나요?

Antes de empezar 준비

Comprensión del tema 테마 이해하기

스페인어로 하나의 긴 스토리를 이야기하려면, 우선 한국어로 그 스토리를 충분히 이해하고 있어야 합니다. 아래 한국어 해석을 먼저 한 번 읽어보고 실비아 선생님의 스페인어 음성을 반복해서 들어보세요.

실비아 음성

☐ ☐ ☐ 청취 후 체크박스에 체크해 주세요. 반복 청취를 할수록 강세와 발음을 정확하게 습득할 수 있고 속도가 빠른 음성도 자주 접하면 익숙해집니다.

재활용은 이미 사용한 물건이나 폐기물을 다시 새로운 물건으로 활용하는 것이다. 우리가 재활용을 하지 않았을 때 세상에 살고 있는 모든 사람들이 쓰레기로 버릴 수 있는 것들의 양을 상상해 보자.

es imposible   por tanto
한 장소에서 이러한 모든 물건들과 잔여물들을 보관하기란 불가능한 일이다. 그래서 그것들을 새로
es necesario
운 물질로 변형하는 것이 필요한 것이다. 이렇게 하면 그것들을 다시 사용하기가 더 쉬워질 것이다.
por ejemplo
예를 들면 유리병, 알루미늄으로 만들어진 깡통, 종이, 우유곽, 모든 플라스틱류 등을 재활용할 수

있다.

los últimos   *se ha duplicado*
폐기물 생산은 최근 30년동안 거의 두배로 증가하였고, 우리는 행성을 하나의 거대한 쓰레기통으로

변화시키고 있다. 도시폐기물의 양을 줄이는 한가지 방법은 재활용을 하는 것이다.
Calentamiento Global
재활용은 지구 온난화를 막기위한 더 쉬운 방법 중의 하나이고, 우리는 더 큰 환경오염을 일으키는

것을 막고 있다.

플라스틱의 산업 폐기물은 바다로 유출되어 해양 생태계를 망가뜨리고 있다. 매년 백만 마리의 신생 해양동물이 바다의 플라스틱 오염으로 죽고 있다. 이런 플라스틱으로 인한 잘못으로 우리는 바다에 쓰레기 섬을 만들고 있는 것이다.

이 행성과 자연환경을 망가뜨리지 않고, 오염을 겪지 않기 위해 우리는 왜 재활용을 해야하는지와 *para que* *hay que* 그 중요성에 대해 세계에 조금씩 설명하고 공유해야 한다. *paso a paso* *tenemos que*

재활용에 대한 설명을 돕기 위한 법칙이 있다.

이것은 4가지 R에 대한 이론이다:

줄이기, 재사용하기, 재활용하기, 되찾기

- 플라스틱, 우유곽, 깡통, 유리 등의 구입 줄이기

- 쓰레기로 버려지는 소재를 재활용하여 다른 것을 만들기

- 폐기물을 쓰레기통에 분리하여 재활용하기

- 재료를 회수하여 재사용하기

sin duda *es importante que*
의심할 여지없이 우리가 지구를 보호하고 관심을 기울이기 시작하는 것은 중요하다.

작은 행동들이 큰 변화에 기여하기 때문이다.

20 ¿Vale la pena reciclar?

Escuchar y leer 원어 본문 듣고 읽기

Reciclar es volver a utilizar objetos y residuos ya usados en(para) nuevos objetos. Si no lo hacemos(haciéramos), imagina la gran cantidad de objetos que pueden(podrían) tirar a la basura todas las personas que viven en el mundo.

Es imposible poder almacenar en un lugar todos estos objetos y residuos. Por tanto, es necesario transformarlos en nuevos objetos. Así será más fácil volverlos a usar. Se pueden reciclar, por ejemplo, las botellas de vidrio, las latas de aluminio, el papel, el cartón, todos los plásticos, etc.

¿Preguntas? 이렇게 질문할 수 있어요

Qué es reciclar? 재활용이란 무엇인가요?
¿Por qué es importante reciclar? 재활용이 왜 중요한가요?
¿Qué residuos podemos reciclar? 어떤 폐기물을 우리는 재활용할 수 있나요?

La producción de residuos casi se ha duplicado en los últimos 30 años, estamos transformando el planeta en un enorme cubo de basura, una manera para reducir la cantidad de residuos urbanos es el reciclaje.

El reciclaje es una de las maneras más fáciles para(de) combatir el Calentamiento Global, ya que evitamos generar mayor contaminación.

Los vertidos de plásticos llegan a los océanos destruyendo la vida marina. Cada año mueren 1.000.000 criaturas marinas por la contaminación plástica de los mares. Por culpa del plástico estamos creando verdaderas islas de basura en los océanos.

Para que el planeta y el medio ambiente no sufran y no se destruyan tenemos que explicar y compartir paso a paso a todo el mundo, por qué hay que reciclar y su importancia.

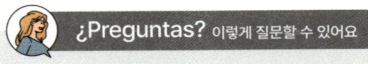 ¿Preguntas? 이렇게 질문할 수 있어요

¿Cómo podemos combatir el Calentamiento Global? 지구온난화를 어떻게 막을 수 있을까요?

¿Cómo afecta al planeta la contaminación? 환경오염이 지구에 어떤 영향을 끼치나요?

Hay una regla que ayuda a explicar el reciclaje.

Se trata de la teoría de las 4 erres: reducir, reutilizar, reciclar y recuperar.

- **R**educir la adquisición de plásticos, cartones, latas, vidrios, etc.
- **R**eutilizar elementos que van a la basura para crear otros.
- **R**eciclar en los contenedores los elementos que se tiran.
- **R**ecuperar materiales para volver a utilizarlos.

Es importante que comencemos a tomar conciencia y cuidar el planeta, ya que sin duda, las pequeñas acciones contribuyen a grandes cambios.

Hasta aquí : 292 palabras

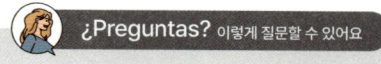

¿Preguntas? 이렇게 질문할 수 있어요

¿Cómo podemos explicar el reciclaje? 우리는 재활용을 어떻게 설명할 수 있을까요?

Gramática 주요 구문 분석

외국어는 입에서 먼저 익숙해지면 머리로 문법 내용을 배우고 시작하는 것보다 훨씬 더 자연스러운 말하기가 가능해집니다. 말하기로 새로운 테마에 대해 먼저 학습한 후 중요하게 다루어진 문법적인 내용을 더해보세요.

1. 무인칭 구문 멘토링 ep.111

[Es+형용사]의 형태로 '~은 (형용사)하다'로 해석합니다. 형용사 다음에는 동사원형이 올 수 있으며 que 이하의 절의 형태가 되면 [Es+형용사+que+접속법]의 무인칭 접속법 구문으로 사용합니다.

— *Es imposible* poder almacenar en un lugar todos estos objetos y residuos.
이 모든 물질과 폐기물을 한 곳에 저장하기란 불가능하다.

— *Es necesario* transformarlos en nuevos objetos.
새로운 물건으로 그것들을 바꾸는 것은 필요하다.

— *Es importante* que comencemos a tomar conciencia y cuidar el planeta.
우리가 지구를 인식하고 돌보기 시작하는 것은 중요하다.

자주 사용하는 무인칭 형용사

Es posible (imposible) que	~할 가능성이 있다(없다)
Es fácil(difícil) que	~하는 것은 쉽다(어렵다)
Es dudoso que	~하는 것은 의심스럽다
Es necesario que	~할 필요가 있다
Es importante que	~하는 것은 중요하다
Es mejor que	~하는 것이 낫다
Es suficiente que	~하는 것은 충분하다
Es bueno que	~하는 것이 좋다

2. 긴 숫자 읽기 멘토링 ep.100

100.000.000
↑   ↑
millón(es) mil

— Cada año mueren **1.000.000** criaturas marinas por la contaminación plástica de los mares.
매 년 백만 마리의 신생 해양생동이 바다의 플라스틱 오염으로 인해 죽는다.

일	1	uno
십	10	diez
백	100	cien
천	1.000	mil
백만	1.000.000	un millón
백억	10.000.000.000	diez mil millones

3. 무인칭의 의무 hay que 멘토링 ep.102

hay que는 '~을 해야한다'는 의미로 주어가 불특정한 경우의 의무를 나타내며, 특정 주어의 의무를 나타내고자 할 때는 tener que를 사용합니다.

— *tenemos que* explicar y compartir paso a paso a todo el mundo, por qué *hay que* reciclar y su importancia.
왜 재활용을 해야하는지와 그 중요성을 우리는 전 세계에 조금씩 설명하고 공유해야한다.

* '우리 라는 특정한 주어가 설명하고 공유해야 한다는 의무를 나타내며, 재활용을 해야만 하는 특정 대상이 없기 때문에 hay que를 사용하여 무인칭의 의무를 표현하였습니다.

VERBOS PRINCIPALES 주요동사

테마의 시제에 따른 주요 동사들의 활용형을 연습합니다. 동사 활용 시 강세를 바르게 말하고 있는지 반드시 확인해 주세요!

INDICATIVO PRESENTE 직설법 현재

reciclar : reciclo, reciclas, recicla, reciclamos, recicláis, reciclan
재활용하다

transformar : transformo, transformas, transforma, transformamos, transformáis, transforman
바꾸다, 변형시키다

volver(-ue) : vuelvo, vuelves, vuelve, volvemos volvéis, vuelven
돌아가다

reducir(-zco) : reduzco, reduces, reduce, reducimos, reducís, reducen
줄이다

reutilizar : reutilizo, reutilizas, reutiliza, reutilizamos, reutilizáis, reutilizan
재사용하다

recuperar : recupero, recuperas, recupera, recuperamos, recuperáis, recuperan
다시 이용하다

almacenar : almaceno, almacenas, almacena, almacenamos, almacenáis, almacenan
저장하다, 보관하다

generar : genero, generas, genera, generamos, generáis, generan
발생시키다, 일으키다

combatir : combato, combates, combate, combatimos, combatís, combaten
덮치다, 습격하다

destruir(-yo) : destruyo, destruyes, destruye, destruimos, destruís, destruyen
파괴하다, 부수다

morir(-ue) : muero, mueres, muere, morimos, morís, mueren
죽다

crear : creo, creas, crea, creamos, creáis, crean
창조하다

contribuir(-yo) : contribuyo, contribuyes, contribuye, contribuimos, contribuís, contribuyen
공헌하다, 기여하다

ayudar : ayudo, ayudas, ayuda, ayudamos, ayudáis, ayudan
돕다

tratar : trato, tratas, trata, tratamos, tratáis, tratan
다루다

PRETÉRITO IMPERFECTO 현재완료

duplicarse : me he duplicado, te has duplicado, se ha duplicado, nos hemos duplicado, os habéis duplicado,
두배가 되다   se han duplicado

SUBJUNTIVO PRESENTE 접속법 현재

comenzar(-ie) : comience, comiences, comience, comencemos, comencéis, comiencen
시작하다

sufrir : sufra, sufras, sufra, suframos, sufráis, sufran
(좋지 않은 일을)경험하다

destruirse : me destruya, te destruyas, se destruya, nos destruyamos, os destruyáis, se destruyan
망가지다, 무너지다

Práctica 말하기 연습

무조건 많은 단어를 암기하는 것보다 지금까지 학습한 어휘를 사용하여 더 많이, 더 다양한 문장을 만들어보는 것이 스페인어 스피킹 실력 향상에 도움이 됩니다. 아래의 문장 패턴을 활용하여 최대한 다양하게 표현하는 연습을 해보세요.

1

El reciclaje es una de las maneras más fáciles
재활용은 더 쉬운 방법들 중 하나이다

El reciclaje es una de las mejores opciones
재활용은 더 나은 선택지들 중 하나이다

El reciclaje es sin duda la mejor manera
재활용은 의심의 여지 없이 가장 좋은 방법이다

El reciclaje es una de las maneras más recomendable
재활용은 더 추천할 만한 방법들 중 하나이다

+

para combatir el Calentamiento Global
지구온난화에 맞서기 위한

2

Hay una regla
규칙이 있다

+

que ayuda a explicar el reciclaje
재활용에대한 설명을 돕는

que nos ayuda a entender el reciclaje
우리에게 재활용에 대한 이해를 도와줄

que nos explica cómo funciona el reciclaje
재활용은 어떻게 작용하는지 우리에게 설명할

que nos explica cómo reciclar
어떻게 재활용하는지 우리에게 설명할

3

Es importante que
하는 것은 중요하다

+

comencemos a tomar conciencia y cuidar el planeta
우리가 지구를 인식하고 돌보기 시작

reduzcamos la basura de la oficina
우리가 사무실에서 쓰레기를 줄이는 것

no desperdiciemos comida 우리가 음식을 남기지 않는 것

no usar(se usen) muchos plásticos en los restaurantes
너희가 식당에서 플라스틱을 많이 사용하지 않는 것

ciento sesenta y nueve **169**

PRÁCTICA ORAL

평소에 필기체를 눈에 익혀두면 언젠가 스페인어 필기체로 쓰인 현지 간판, 현지인이 쓴 메모 그리고 DELE 시험을 볼 때 등 실전 스페인어 활용에 큰 도움이 됩니다. 이번 테마를 정리하며 한국어 해석, 정자체 등 익숙한 가이드 없이 스페인어 필기체로 된 원고를 읽어보고 친구에게 말하듯 자연스럽게 말하는 연습을 해보세요.

Reciclar es volver a utilizar objetos y residuos ya usados en (para) nuevos objetos. Si no lo hacemos (hiciéramos), imagina la gran cantidad de objetos que pueden (podrían) tirar a la basura todas las personas que viven en el mundo.

Es imposible poder almacenar en un lugar todos estos objetos y residuos. Por tanto, es necesario transformarlos en nuevos objetos. Así será más fácil volverlos a usar. Se pueden reciclar, por ejemplo, las botellas de vidrio, las latas de aluminio, el papel, el cartón, todos los plásticos, etc.

La producción de residuos se ha duplicado en los últimos 30 años, estamos transformando el planeta en un enorme cubo de basura, una manera para reducir la cantidad de residuos urbanos es el reciclaje.

El reciclaje es una de las maneras más fáciles para combatir el Calentamiento Global, ya que evitamos generar mayor contaminación.

Los vertidos de plásticos llegan a los océanos destruyendo la vida marina. Cada año mueren 1.000.000 criaturas marinas por la contaminación plástica de los mares. Por culpa del plástico estamos creando verdaderas islas de basura en los océanos.

Para que el planeta y el medio ambiente no sufran y se destruyan tenemos que explicar y compartir paso a paso a todo el mundo, por qué hay que reciclar y la importancia del reciclaje.

Hay una regla que ayuda a explicar el reciclaje.

Se trata de la teoría de las 4 erres: reducir, reutilizar, reciclar y recuperar.

- Reducir la adquisición de plásticos, cartones, latas, vidrios, etc.
- Reutilizar elementos que van a la basura para crear otros.
- Reciclar en los contenedores los objetos (elementos) que se tiran.
- Recuperar materiales para volver a utilizarlos.

Es importante que comencemos a tomar conciencia y cuidar el planeta, ya que sin duda, las pequeñas acciones contribuyen a grandes cambios.

더보기

테마별 단어모음

1 MI AMIGO RICARDO

el/la amig@	친구	vender	팔다, 판매하다
la ciudad	도시	estudiar	공부하다
industrial	산업의	coreano	한국어
el norte	북쪽	la academia	아카데미, 학원
el país	나라, 국가	trabajador/a	성실한
el/la ingenier@	엔지니어	amable	친절한
la compañía	회사		

2 EL CLIMA DE COREA DEL SUR

la estación	계절	la temporada	시기
la primavera	봄	comenzar	시작하다
el verano	여름	el final	마지막, 끝
el otoño	가을	el principio	시작, 초
el invierno	겨울	larg@	긴
el tiempo	시간, 날씨	mínim@	최소한의
el calor	더위	baj@	낮은
el viento	바람	el promedio	평균
sec@	건조한	el mes	달
fresc@	선선한	el viaje	여행
cort@	짧은	es decir	즉, 다시 말하면
especialmente	특히	el frío	추위
la humedad	습기	visitar	방문하다

3 SOMOS UNA FAMILIA MUY FELIZ

el miembro	구성원, 멤버	primari@	첫번째의
llamarse	~라고 부르다	esforzarse	노력하다
atractiv@	매력적인	divertid@	재미있는
inteligente	똑똑한	baj@	키가 작은
conservador/a	보수적인	gord@	뚱뚱한
el colegio	학교	el pelo	머리카락

castañ@	밤색	la piel	피부
oscur@	어두운	moren@	까무잡잡한
los ojos	눈	dedicar	헌신하다
marrón	밤색	salir	나가다
trabajador/a	성실한	senderismo	하이킹
a veces	가끔	soberbi@	거만한
impaciente	욱하는	generos@	너그러운
algún (algun@)	어떤	sociable	사교적인

4 MI RUTINA DIARIA

la rutina	루틴	preparar	준비하다
diari@	일상의	importante	중요한
levantarse	일어나다	saludable	건강한
temprano	일찍, 이른	regresar	돌아가다
cepillarse	이를 닦다	a eso de	~즈음에
tomar la ducha	샤워하다	el tráfico	교통, 교통량
durante	~동안	cenar	저녁식사 하다
vestirse	옷을 입다	el gimnasio	체육관
la taza	잔	la noticia	소식, 뉴스, 공지

5 MIS PLANES PARA ESTE FIN DE SEMANA

el fin de semana	주말	la medicina	약
por(en) la mañana	아침에	un poco de	조금의
la biblioteca	도서관	en la noche	밤에
investigar	조사하다	el río	강
el tema	주제	a pasear en bicicleta	자전거로 산책하다
faltar	부족하다	de regreso	돌아올 때
el proyecto	기획	lind@	아름다운
anual	매년의	la velada	밤 모임
el/la abuel@	할아버지, 할머니		

6 ¿POR QUÉ TROTAS TODOS LOS DÍAS?

encantar	매우 좋아하다	cerca de	~근처에
trotar	조깅하다	el equipo	그룹
perder el peso	체중감량 하다	además	게다가
antes de	~하기 전에	mantenerse	유지하다
revisar	확인하다, 체크하다	por lo general	보통은, 대개
alcanzar	도달하다, 이르다, 충분하다	larg@	긴
la crema solar	선크림	la pista de goma	고무트랙
proteger	보호하다	rodear	감싸다
esforzarse	노력하다	el/la vecin@	이웃
la ocasión	경우, 때	la pitaña	눈곱
imposible	불가능한	enseguida	즉시, 당장
soler	자주 ~하다	saludable	건강에 좋은

7 ¿CUÁL ES TU PASATIEMPO?

pasear	산책하다	contestar	대답하다, 응답하다
el cine	영화관	planear	계획하다
ir de compras	쇼핑하다	relajar	이완시키다
por ejemplo	예를 들어	desaparecer	사라지다
navegar por internet	인터넷 서치를 하다	dedicar	헌신하다, 전념하다
hacer la compra	장보다	imaginar	상상하다
aburrid@	지루한, 심심한	la opinión	의견, 생각
llamar a	~에게 전화하다		

8 LOS DEPORTES QUE ME GUSTAN

el básquetbol	농구	pesad@	무거운
la gimnasia	체조	mantenerse en forma	몸매를 유지하다
la edad	연령	desestresar	스트레스를 풀다
el cuerpo	신체	relajar	완화하다, 이완시키다
practicar	연습하다	la energía	에너지
el deporte	스포츠		

9 ESTOY MUY ESTRESADA

estresad@	스트레스받는	mejorarse	좋아지다, 회복하다
mal (mal@)	나쁜, 안좋은	aguantar	견디다, 참다
enferm@	아픈	la farmacia	약국
el gripe	감기, 독감	comprar	사다, 구매하다
el estrés	스트레스	la pastilla	알약
doler	아픔을 주다	el jarabe	물약
estos días	요즘	llegar	도착하다
los ojos	눈	la receta	처방전
la barriga	배, 복부	el/la farmacéutic@	약사
la espalda	등	empezar	시작하다
la cabeza	머리	explicar	설명하다
la garganta	기관지	la medicina	약
el pecho	가슴, 흉부	terminar	끝나다
el tos	기침	la cucharada	한 숟가락
el fiebre	열	mirar	보다
la inyección	주사	importante	중요한

10 YO TRABAJO EN SEÚL

tomar metro	지하철을 타다	mism@	같은
la hora punta del tráfico	러시아워	por lo tanto	그래서, 그러므로
lejos	먼	compartir	공유하다, 나누다
tardar	(시간이)걸리다	el espacio	공간
el ayuntamiento	시청	adecuadamente	적당하게
al lado de	~옆에	cuadrad@	사각의
el palacio	궁, 궁궐	el/la cliente	클라이언트
históric@	역사적인	la silla	의자
el/la turista	관광객	detrás de	~뒤에
el edificio	건물	utilizar	활용하다
la compañía	회사	delante de	~의 앞에
el quinto	5번째의	la reunión	회의
el piso	층	la impresora	프린트기

la fotocopiadora	복사기	peatonal	보행자의
la ventana	창문	ruidos@	시끄러운
la avenida	대로	tomar el sol	햇빛을 쬐다

11 AYER FUE MI CUMPLEAÑOS

olvidarse	잊어버리다	encender	점등하다
traer	가져오다	la luz	불빛, 전등
el celular	휴대폰	la sorpresa	놀라움
así que	그래서	regalar	선물하다
comunicarse con	~와 연락하다	último modelo	최신형
a eso de	대략	el auricular	이어폰
volver a	~로 돌아가다, 돌아오다	inalámbric@	무선의
oscur@	어두운	un sobre con dinero	용돈
entrar a	~로 들어가다	el vaso térmico	텀블러
de repente	갑자기	felicitar	축하하다
el/la prim@	사촌	la presencia	존재, 참석
el/la tí@	이모, 이모부	completamente	완전하게
empezar a	~하기 시작하다	maravillos@	아름다운
gritar	소리치다, 외치다	agradecid@	감사한

12 LAS ISLAS DOKDO

el grupo	그룹	devolver	되돌아오다
la isla	섬	entonces	그러면
históricamente	역사적으로	liberado	해방된
el territorio	영토	la manera	방법
confirmar	확인하다, 확증하다	pedir	부탁하다, 요구하다
el documento	서류	polític@	정치적인
invadir	침략하다	el recurso	자원
la conquista	정복, 획득	insistir	주장하다
terminar	끝이 나다	la devolución	반환
aliado	연합국, 동맹국	falso recientemente	최근에
ordenar	명령하다	descubrirse	발견하다

el gobierno	정부	convencer	납득시키다
firmar	서명하다	el medio	방법
claramente	명백하게	confiar	믿다, 신뢰하다
siempre que	~할 때는 언제나	la injusticia	불법, 부정, 부정행위
distraer	관심을 딴데로 돌리다	reciente	최근의
el asunto	사건, 일, 문제	la investigación	연구, 조사
tratar	다루다	el punto de vista	견해

13 MI MASCOTA YEPEE

la raza	종족	el pasto	목초, 풀
el macho	수컷	ladrar	(개가)짖다
volver	돌아오다	suceder	잇따라 발생하다
recibir	받다	el panal	벌집
content@	만족스러운	la abeja	꿀벌, 벌
cumplir	이행하다, 달성하다	caerse	떨어지다
la constitución	구성	sin duda	분명히
fuerte	강한	intuir	추측하다
el pelaje	(동물의) 털	pasar	지나가다
triangular	삼각형의	la razón	이유
en cuanto a	~에 대해서	el ladrido	개 짖는 소리
reservad@	예약된, 신중한	fiel	충실한, 성실한
silencios@	과묵한	demostrar	증명하다
la ocasión	경우	la lealtad	충실, 성실
cortar	자르다	convertir en	~이 되다
el durazno	복숭아	adquirir	얻다
recostarse	몸을 기대다		

14 ¡BIENVENIDOS A MI CASA!

la planta	층	el baño	욕실
el patio	중정, 정원	la habitación	방
la cocina	주방	la puerta principal	정문(현관)
el salón	거실	el pasillo	복도

el acceso	도달, 접근	el horno	오븐
justo	바로, 곧	la placa de vitrocerámica	인덕션
enfrente de	~의 정면에, ~의 맞은편에	el fregadero	싱크대
avanzar	전진시키다, 앞으로 나가다	la silla	의자
conducir a	~로 인도하다	la pared	벽, 담벼락
el armario	옷장	bastante	충분히
dejar	놓다	según	~에 따라
el abrigo	외투	detrás de	~의 뒤에
el zapato	신발	la chimenea	굴뚝, 벽난로
al final de	~의 끝, 마지막	comunicar	소통하다
el electrodoméstico	가전제품	el porche	처마
la mesa	테이블	la estantería	책장
el ventanal	큰 창문	el televisor	텔레비전
gigante	거대한	auxiliar	보조의
permitir	허락하다	el sillón	안락의자
acceder a	~로 접근하다	cómod@	편안한
la nevera	냉장고	encima	~위에
el congelador	냉동고	luminos@	밝은
la lavadora	세탁기	comunicar con	~로 연결시키다
el lavavajilla	식기세척기	la reunión	모임

15 ¿QUÉ HAGO DURANTE MIS VACACIONES?

el momento	순간	la estancia	큰 방, 거실
merecid@	(상이나 벌을) 받아 마땅한	divertid@	재미있는
anotar	기록하다	virtual	가상의
inolvidable	잊을 수 없는	postergar	가지고 있다
desconectarse de	연락을 끊다	distint@s	다양한
relacionad@ con	~와 관련 있는, 연관된	la plataforma	플랫폼
nadar	수영하다	ofrecer	제공하다
cansad@	피곤한	la cantidad	양, 수량
el recuerdo	기억	la telenovela	연속극
aprovechar	유익하게 사용하다	organizar	계획하다, 세우다
explotar	개발하다, 폭발하다	escombrar	치우다, 제거하다

depurar	정화하다	comentar	해설하다, 논평하다
el clóset	옷장		

16 MI COMIDA COREANA FAVORITA

picante	매운	envolver	두르다, 말아 싸다
recomendar	추천하다	la alga	김
probar	시험하다, 테스트하다	la ternera	송아지, 소고기
el guiso	스튜	el atún	참치, 다랑어
el marisco	해산물	el jamón	하몽
la salsa	소스	asegurar	단단하게 고정시키다
el pimiento	후추	la zanahoria	당근
la fermentada	된장	la lechuga	상추
el trozo	조각, 부분	el huevo	달걀
el pollo	닭고기	crud@	날 것의
marinad@	절여진	frit@	튀긴
la guindilla	고추(종류 중 하나)	servirse	제공되다
la rodaja	고리모양으로 자른 음식	la piedra	돌
el repollo	양배추(종류 중 하나)	remover	이동하다
la batata	고구마	el ingrediente	먹을거리, 재료
la empanadilla	작은 만두	la cuchara	숟가락
rellen@	채워진, 가득한	la panceta	삼겹살
la seta	버섯(종류 중 하나)	acompañad@	~와 함께, ~를 곁들여
la verdura	야채	alcohólic@	알코올을 함유한, 알코올의
la soja	콩	tradicional	전통적인
el rollo	롤		

17 TENGO COMPLEJO

avisar	알리다, 통지하다	ocurrir	일이 발생하다
la salita(sala)	거실, 큰 방	operar	수술하다
charlar	이야기하다, 수다를 떨다	la nariz	코
manzanilla con miel	만사니야 꿀차	el respiratorio	호흡
asustar	흠칫 놀라다	el gusto	기쁨, 즐거움

hacer cirugía	수술을 하다	detenidamente	상세하게, 신중하게
el complejo	컴플렉스	la personalidad	개성, 성격
molest@	귀찮게 하는, 성가신	el capricho	변덕
demasiad@	과하게, 지나친	obsesionad@	사로잡힌
afear	더럽히다, 비난하다, 꾸중하다	la determinación	결정, 결심
tranquil@	차분한, 평온한	respetar	존중하다, 존경하다
ponerse triste	슬퍼지다	la decisión	결정
comprender	납득이 가다, 이해하다	retomar	다시 시작하다
seri@	진지한	la sorpresa	놀람
el postoperatorio	수술 후유증		

18 QUIERO DORMIR COMO UN BEBÉ

la hora	시간	la preocupación	걱정
dormir	잠자다	la cabeza	머리
soler	자주 ~하다	acabarse	끝내다
a memudo	자주	cada vez que	~할 때마다
utilizar	활용하다	el estrés	스트레스
la expresión	표현	modificar	고치다, 수정하다
sinónimo	동의어	el hábito	습관
profund@	깊은	inadecuad@	부적절한
dulcemente	달콤하게	la Luz azul	블루라이트
en definitiva	결국은	el dispositivo electrónico	전자기기
el adulto	성인, 어른	el móvil	휴대폰
calificar	점수를 매기다	acostad@	누운, 눕힌
durante	~동안	activar	활동하다
explicar	설명하다	el cerebro	뇌, 대뇌
intentar	시도하다	investigar	조사하다
solucionar	해결하다	afrontar	마주하다, 맞서다
el problema	문제	al menos	적어도
conseguir	얻다, 획득하다	fácil	쉬운
significar	의미하다, 뜻하다	cambiarse	바꾸다
la frase	문장	tratar	다루다, 대하다
mejor dicho	즉, 다시 말해	dejar de	~을 멈추다
pasar	보내다, 지나다	el exceso	과다, 과잉, 초과

tranquil@	차분한	la sonrisa	웃음, 미소
evitar	피하다, 회피하다	mostrar	보여주다
pesad@	무거운	pirarse	도망치다
contestar	대답하다, 답장하다, 전화를 받다	satisfech@	만족하는
levantarse	일어나다		

19 TRANSPORTE PÚBLICO

el medio de transporte	교통수단	evitar	피하다
utilizar	이용하다, 활용하다	el atasco	교통체증
el metro	지하철	sin embargo	그럼에도 불구하고
barat@	저렴한	tardar	(~의 시간이) 걸리다
ecológic@	환경 친화적인	el trayecto	구간
puntual	시간을 엄수하는, 정확한	hacer transbordo	환승하다
coger	잡다, 붙들다	sentarse	앉다
propi@	고유의	el empujón	힘껏 밀기

20 ¿VALE LA PENA RECICLAR?

el reciclaje	재활용	reducir	줄이다
el proceso	절차	la cantidad	양, 수량
la materia	재료, 소재	urban@	도시의
componer	구성하다	combatir	습격하다, 덮치다
el vidrio	유리	el calentamiento global	지구 온난화
el aluminio	알루미늄	evitar	막다, 피하다
el plástico	플라스틱	generar	일으키다, 발생시키다
útil	유용한	la contaminación	오염
transformarse	바뀌다, 변하다	el océano	대양, 대해
la producción	생산품	destruir	파괴하다, 부수다
el residuo	잔여물, 폐기물	marin@	바다의
duplicar	두 배로 하다, 이중으로 하다	la criatura	신생아
el planeta	행성	la culpa	잘못, 실수
enorme	거대한	crear	생기다, 창조하다
el cubo	큐브모양의 통	verdader@	진실한, 진짜의
la basura	쓰레기		

스페인어 무조건 말하기
Hablar con Silvia

지 은 이	실비아 전 (Silvia Chun)
펴 낸 곳	실비아스페인어 SILVIASPANISH

초판 1쇄 발행일 2024년 1월 2일
초판 2쇄 발행일 2024년 12월 2일

책 임 편 집	이수빈
총 괄	이희주
기 획 편 집	이희주, 안홍찬
감 수	Abigail Santamaría Estrada, Debany Montserrat Garza Romo
원어민 음성	Abigail Santamaría Estrada
표지디자인	디자인브리즈(Design Breeze)
삽 화	http://www.freepik.com
주 소	서울시 광진구 자양로43길 96, 3층
편집·구입문	010-8423-8959
이 메 일	silviaspanish@naver.com
웹 사 이 트	www.silviaspanish.co.kr
출 판 등 록	2016-000096
I S B N	979-11-979921-0-0